2025

김도연
박현기
정한성
김우혁
박지훈
권상우
팽은서
봉승환

무한대의 플러스

PLUS X

PLUS X

FASHION Director
김도연
plusx_em@naver.com

PHOTO Director
김성민
k_vs_k@naver.com

진영민 (포토 플랜트 스튜디오)
skyiym486@naver.com

BEAUTY Director
차유은
youen4828@naver.com

ART Designer
김도연
plusx_em@naver.com

Artist
김도연
박현기
정한성
김우혁
박지훈
권상우
팽은서
봉승환
plusx_em@naver.com

PLUS X Magazine 2025 첫 호 발행

Q. 본업이 배우인데 제작을 시작하게 된 계기가 궁금해요?

A. 기약 없는 기다림 속에 오디션이라는 기회가 주어질 확률, 그 기다림 속에 귀하게 얻은 오디션에서 합격할 수 있는 확률, 합격한다 한들 나의 역량을 보여줄 수 있을 만큼의 분량이 있는 역할을 맡을 수 있는 확률이 수백 수천 명의 경쟁자 속에서 복권에 당첨이 될 확률과 같다고 느꼈어요. 오로지 열심히 연습만 해서 실력으로 승부를 본다는 건 내게 기회가 주어지지 않는 시간들을 낭비하는 것이라고 느꼈죠. 물론 계속해서 실력을 준비 해놓고 오디션에 도전하고 오디션의 기회를 기다리며, 기회가 주어졌을 때 준비된 사람 이여야 하는 것은 맞아요. 이 방법 또한 계속 해야 하는 것도 맞는 거죠. 다만 언제까지나 이 방법과 모두가 하는 똑같은 루트를 따라갈 수는 없었어요. 시간의 효율성으로 바라볼 때 기회만을 기다리며 대기하는 시간들이 너무 아깝게 느껴졌기 때문이죠. 답답하고 막막하고 미래에 대한 불안감에 내가 스스로 맞대응 할 수 있는 건 제작뿐이었어요. "남들이 나를 캐스팅하지 않는다면 내가 직접 작품을 만들면 되지! 내가 나를 캐스팅하면 되지!"였어요. 첫 시작은 그렇게 오로지 나 자신을 위해 시작된 일이었지만 제작을 직접 진행하다보니 "어차피 만드는 거 여러 명에게 서로 도움 되는 작품이면 더 좋잖아?"였고 시작은 미약했을지언정 점차 발전해 나가며 부족한 점들을 채워갔고 외부적인 아웃풋 마케팅과 OTT 진출까지 해나갔죠. 말 그대로 나를 키우기 위한 방법을 계속해서 연구했어요. 하늘의 별따기 수준의 퍼센트를 왜 불안해하면서 초조해하면서 기다리느냐 이거에요. 저는 제작에 타고난 능력이 있는 것도 아니었어요. 편집이라는 것도 편집 프로그램을 배운 적이 없어서 다룰 줄도 몰랐었어요. 하지만 저예산이고 인력은 턱없이 부족하고 제가 직접 할 수밖에 없는 상황이 되면 독학할 수밖에 없게 돼요. 물론 전문적으로 배우고 더 오랜 시간 각 분야에 전문가로 활동하고 계시는 분들의 입장에서 바라볼 때 저는 그저 애송이일 거예요. 그래도 서투르지만 독학 해가며 결과물을 만들어 냈죠. 저는 그 과정 속에서 느낀 다양한 생각과 감정들의 경험은 직접 해봐야 안다고 생각해요. 뭐든 직접 부딪혀 보면 느껴지는 게 있거든요. 저 또한 직접 부딪히며 3작품을 제작했잖아요. 장단점과 부족한 부분들, 앞으로 발전 해가야 하는 부분들이 명확하게 보였고 맨 처음 제작을 시작하게 된 계기는 첫 작품 '91'으로 이룬 것이다 보니 "여기서 어떻게 더 나아가야 나를 더 성장시키고 키울 수 있을까?"라는 초점에 맞추게 되면서 고민이 깊어졌던 때도 있어요.

Q. 2025년 기준으로 올해 활동 10년 차, 받아들여지는 느낌이 어떤가요?

A. 시간이 벌써 10년이나 흘렀네요. 도대체 뭘 했다고 벌써 10년 차가 된 건가 싶지만 뭔가 하긴 했으니 좀 덜 억울하네요. 항상 연차가 쌓일 때마다 다가오는 부담감이 컸어요. 업계 관계자분들이 바라보는 시선이나 기대치가 점점 높아지거든요. 신인일 때는 "아직 신인이니까 더 발전할 가능성을 보는 거지"라는 의지할 수 있는 말이 있었는데 연차가 쌓이면 의지할 공간도 말도 없어지게 돼요. 무조건 잘해야 하는 거예요. 그래서 항상 기대치에 대한 부담감이 컸어요. 지금도 역시 10년 차이기에 부담감이 더더욱 커요. 더 잘해야 하니까요. (웃음) 힘든 순간들에 잘 버티고 잘 걸어오다 보니 어느덧 10년 차가 되었는데 과거의 순간들이 파노라마처럼 스쳐 지나가요. "과거에 그 고생들도 다 경험이었고 밑거름이 되었구나." 싶어요. 이제 10년 차이니까 무언가 더 많이 도전하고 더 발전하려고 노력하지 않을까요? 작년보다 더 바쁘게 살지 않는다면 스스로 용납되지 않을 것 같아서 더 죽어라 열심히 일만 할 것 같은데요? (웃음) 올해는 더욱 성장한 모습으로 이제는 결과적인 성과와 성취를 하는 모습으로 여러분께 보여드렸으면 좋겠네요.

Q. 배우, 연출, 작가, 편집자 등 여러 역할을 동시에 수행하면서 스케줄을 어떻게 관리했나요?

A. 정말 모든 걸 다하니까 쉴 틈이 없었어요. 오히려 쉴 틈 없이 일해서 행복했어요. 혹여나 놓치는 일정이 있으면 안 되잖아요? 무조건 핸드폰 달력에 상세하게 다 적어놔요. 핸드폰에다가도 적고, 방 안에 있는 종이 달력에다가도 적어두고요. 이중으로 해두면 기억하기 쉬워요. 대중교통으로 이동할 때마다 다 못한 일 처리를 진행하기도 하고 한 번씩 폰으로 다음날 일정을 확인하기도 하고 그러죠. 잠 못 자고 밥 잘 못 챙겨 먹고 그러다 보면 너무 피곤해서 알람을 무시할 때가 있어요. 알람을 3~4개씩 해두는데도 말이죠. 그래서 인간 알람인 가족들한테도 항상 말해놔요. 몇 시에 깨워달라고요. (웃음) 저의 기억력과 제 몸이 전달하는 피로감을 저는 믿지 않아요. 믿는 순간 방심하게 되거든요. 그래서 수시로 확인해요. "내가 기억하는 게 맞나?"하고요.

Q. 대본 작업에서 가장 중요하게 생각하는 부분은 무엇인가요?

A. 스토리가 주는 메시지가 가장 중요하고 그 안에서 대사들이 주옥 같거나 설렘 포인트가 있어야 된다고 생각해요. 캐릭터마다 사연이나 캐릭터성이 확실해야 하고요. 특히 회마다 엔딩을 칠 때 다음 화가 보고 싶어지게 만들어야 해서 자극적이거나 궁금하게 만들고 마무리를 지어야 해요. 어디서 어떻게 끝낼지를 생각하면서 쓰다 보면 뒤에 나올 내용이 앞으로 오기도 하고 과거 회상이나 몽타주로 들어가기도 하고 순서가 좀 바뀌어요.

Q. 연기와 제작에서 자기 계발을 위해 어떤 노력을 하고 있나요?

A. 제작에 있어서 자기 계발을 위해 끊임없는 상상을 해요. 새로운 시나리오에 대한 상상과 그 시나리오로 제작에 들어갔을 때는 어떤 스타일로 나올지, 예산은 얼마나 들지, 캐스팅은 어떤 느낌의 배우였으면 좋겠는지 등등 제작과 촬영에 대한 시뮬레이션 상상을 자주 해요. 그렇게 상상을 자주 하다 보면 갑자기 삘이 딱 꽂힐 때가 있어요. 그때 심장이 두근거리고 빨리 진행해야겠다는 생각에 너무 설레요. "이거구나!" 싶은 순간들이 있어요. 그리고 연기에 있어서는 제가 어떤 오디션에 지원할 때 "나한테는 아직 이런 영상이 없구나, 이런 느낌의 독백이 없구나, 영어도 준비하면 좋겠다" 이런 생각이 들면 "시간이 걸리더라도 한번 해보지 뭐! 한번 만들어 놔보지 뭐!"라고 생각하고 만들어요. 계속해서 제가 가지고 있지 않은 것들을 준비하려고 노력하죠.

Q. 제작자로서 가장 뿌듯했던 부분이나 만족스러운 순간은 언제였나요?

A. BGM, OST가 장면과 찰떡으로 잘 맞아떨어질 때가 진짜 짜릿해요. 3작품 모두 다 몇 번씩 느껴봤는데 진짜 음악이 잘 어우러질 때 심장이 막 벅차오르고 말할 수 없을 정도로 짜릿해요. 짜릿해서 혼자 방방 뛰고 꺄악 소리 지르고 아주 난리 난리예요. 스스로 감탄도 하고 너무 행복해서 책상도 치고 그래요. 저는 제가 시청자의 입장에서 드라마를 볼 때 음악이 재미없거나 제 취향이 아니면 안 보거든요. 그래서 음악이 주는 힘과 시너지가 크다는 걸 알아서 더 신경 쓰는 것 같아요.

- 배우 김도연 -

Q. 제작에 있어서 영향을 준 인물이나 멘토가 있다면 누구인가요?
A. 제 자신인데요. 제 마인드가 "결과가 어떻든 일단 실행하고 보자"여서 바로 실행에 옮기고 성장할 수 있었던 것 같아요. 도전을 안 하면 내가 뭐가 부족하고 뭐를 더 보완해야 하는지 안 보이거든요. 근데 결과가 어떻든 일단 만들고 제작하다 보면 뭘 고쳐나가야 하는지 어떤 부분을 발전시켜야 하는지가 보여요. 용기 있고 과감하게 시도해 나간 것은 스스로에게 칭찬해주고 싶네요. 그리고 누군가의 눈에 띄고 싶다면 그 사람이 바라보는 시선의 위치까지는 스스로 올라가야 한다고 생각해요. 제작이 그 디딤돌이 되어주고 있는 거죠.

Q. 작품 속 캐릭터와 현실의 자신 사이의 균형을 어떻게 맞추나요?
A. 저는 캐릭터에 너무 몰입해서 작품이 끝나고 잘 못 빠져나온다거나 이런 상황은 아직까지는 없었던 것 같아요. 아직 촬영 기간만 6개월에서 1년 정도를 오로지 하나의 캐릭터로 살아보는 삶을 살아보지는 못해서 그런 걸 수도 있죠. 긴 호흡의 작품을 해봐야 알 것 같아요. 저도 그 정도로 캐릭터를 너무 사랑해서 캐릭터에서 잘 못 빠져나오고 그런 상황도 한 번쯤은 겪어보고 싶네요. 감정 소모가 심할 것 같지만요.

Q. 앞으로 도전해보고 싶은 역할이나 장르가 있다면 무엇인가요?
A. 지금 나이에 가장 잘 소화할 수 있고 가장 잘 어울릴 풋풋한 하이틴 로맨스 작품을 많이 하고 싶어요. 판타지, 액션 장르는 늘 원하는 장르이고요. 1인 2역, 다중인격 역할도 기회가 된다면 하고 싶어요. 그리고 사극도 도전하고 싶어요. 예쁜 한복을 입고 예쁜 장면들을 담고 싶거든요. 악랄한 악역이나 사이코패스 같은 역할도 도전하고 싶어요.

Q. 연기와 제작을 병행하면서 얻은 시너지 효과는 무엇인가요?
A. 기획부터 제작, 캐스팅, 연기까지 모든 부분에 다 참여하다 보니 바라보는 시각이 자동으로 넓어지더라고요. 나무만 바라봤었다면 이제는 숲을 바라보게 된 거죠. 제일 많이 느꼈던 건 현장 스텝 제작진분들이 얼마나 고생하시는지 각자의 분야에서 다들 얼마나 머리가 아프고 스트레스 받으시는지 직접 느껴보니까 더 잘 알겠더라고요. 병행하면서 혼자서 신경 써야 하는 부분이 정말 많았는데 다 감당하면서 리드할 수 있다는 걸 깨달았어요. 또 연속으로 제작을 하다보니까 점점 익숙해지더라고요. 체력도 강해야 하고 두뇌도 빨라야 해요. 모든 일에 A가 아니면 B, B가 아니면 C라는 걸 미리 예상 해둬야 하고요. 현장에서 계획대로 흘러가지 않잖아요? (웃음) 준비를 계획적으로 철저히 해두는 거죠. 물론 그럼에도 불구하고 다 빗나가는 상황이 발생할 때도 있었어요. 그럴 땐 즉흥적인 센스가 바로 나와야 해요. 저는 병행하며 넓은 시각과 리더십, 대처 능력을 얻은 것 같아요.

Q. 각 작품별 제작을 준비하는 과정부터 제작 마무리 단계까지 기간이 얼마나 소요되었는가요?
A. '91'의 러닝타임은 약 30분, 제작 준비 과정은 2주 걸렸고, 촬영부터 첫방송까지는 1개월이 소요됐어요. '130체인지'의 러닝타임은 약 30분, 제작 준비 과정은 3주 걸렸고, 촬영부터 첫방송까지는 6주가 소요됐어요. 약 한 달 반 정도인 거죠. 마지막으로 '피의 향기'는 우선 대본을 집필한 시점부터 계산하면 8년이 넘지만, 묵혀둔 시간을 제외하고 본격 준비 과정부터 계산하면 제작 준비는 2주 걸렸고, 촬영부터 유튜브 선공개까지는 4개월, OTT 방송까지는 6개월이 조금 넘게 소요됐어요. 러닝타임이 약 85분짜리 작품이라 오래 걸렸죠. 저는 마음만 먹으면 빠른 속도로 진행해요. 엎어지는 일은 절대 없죠. 다만 마음을 먹기까지가 오래 걸릴 뿐이죠. 제가 움직이게 만드는 건 3가지 중 하나에요. 스스로 필모를 더 쌓고 싶거나, 새로운 대본 아이디어에 꽂혔거나, 사람에게 꽂혔거나인 거죠.

Q. 제작을 진행하면서 아쉬웠던 부분이 있었다면 무엇인가요?
A. 당연히 모든 작품에 아쉬움이 남죠. 원래 후반 작업하면서 아쉬운 부분들이 보이거든요. 저예산인 환경에서 진행된 작품이라는 걸 감안하고 봐도 아쉬운 부분들이 있어요. '91'은 음향 노이즈랑 조명이 가장 아쉬웠고, '130체인지'도 똑같이 음향 노이즈랑 조명이 아쉬운데 개인적으로는 편집 때 인트로가 너무 아쉬웠어요. '피의 향기'는 전작들보다는 음향이 발전했지만 그럼에도 더 노력해야 하는 부분이고, 조명은 항상 아쉬웠고, 저예산이라는 부분에서 표현 해내지 못하는 앵글의 각도라던지 어떠한 장면이라던지 그런 부분들이 있는 게 아쉬웠어요. 실제로 '피의 향기' 같은 경우는 예산 때문에 풀어내지 못한 스토리나 장면들이 많거든요. 예산 때문에 로케이션을 바꾸고 그로 인해 장면도 바뀌고 스토리도 어느 정도 빠지고 그러다보니 생기는 아쉬움인 거죠. 아마 '피의 향기' 대본에 원래는 법궁, 고등학교, 수영장도 있었다고 하면 배우들 놀랄걸요? 도대체 뭔 스토리였던 거지? 싶을 거예요.

Q. PLUS X 작품 중 가장 기억에 남는 캐릭터는 무엇인가요?
A. 가장 기억에 남는 캐릭터니까 꼭 저의 캐릭터가 아니어도 되잖아요? 모든 캐릭터를 아끼지만 '피의 향기'에서 뱀파이어였던 '홍태민' 캐릭터는 잊기 힘들어요. 대단히 오랜 시간 시나리오 작업 속에서 지켜봤던 아이이기 때문에 오래 기억에 남을 거예요. 작가로서 가장 아꼈던 캐릭터였거든요. 물론 또다시 아끼는 새로운 캐릭터들이 제 작업 폴더 속에서 탄생하고 있어요. 언제가 될지는 모르겠지만 기대해 주세요.

Q. 새로운 작품을 제작한다면 어떤 새로운 시도나 접근을 하고 싶은가요?
A. 제작비 예산에 따라서 선택하는 장르나 작품이 달라지겠지만 예산을 신경 쓰지 않아도 된다는 가정하에 제가 하고 싶은 제작 작품은 액션물이에요. 조직 액션물 사이에 로맨스도 있는 느낌이죠. 그리고 '피의 향기'와는 다르지만 또 다른 신박한 판타지물 시나리오도 있어요. 주로 제가 집필하는 시나리오가 판타지 장르라서 그래요. 아무튼 어떤 작품과 장르를 하던 긴 호흡이 필요한 미니시리즈 드라마나 OTT 오리지널작 정도의 긴 작품을 제작하고 싶어요. 그게 예산 문제로 당장 어렵다면 화끈하고 비주얼적인 숏폼 드라마를 제작하고 싶네요.

Q. 인생에서 가장 어렵다고 생각하는 것은 무엇인가요?
A. 인간관계. 정말 어려워요. 안다고 생각해도 여전히 모르겠고 알고 싶어도 다 알아 지지가 않는 게 인간관계 같거든요. 사람 마음을 읽고 그 사람 자체를 받아들이며 존중하고 인간관계를 꾸준히 이끌어가는 게 이 세상에서 특히 제 인생에선 가장 어려운 것 같아요.

- 배우 김도연 -

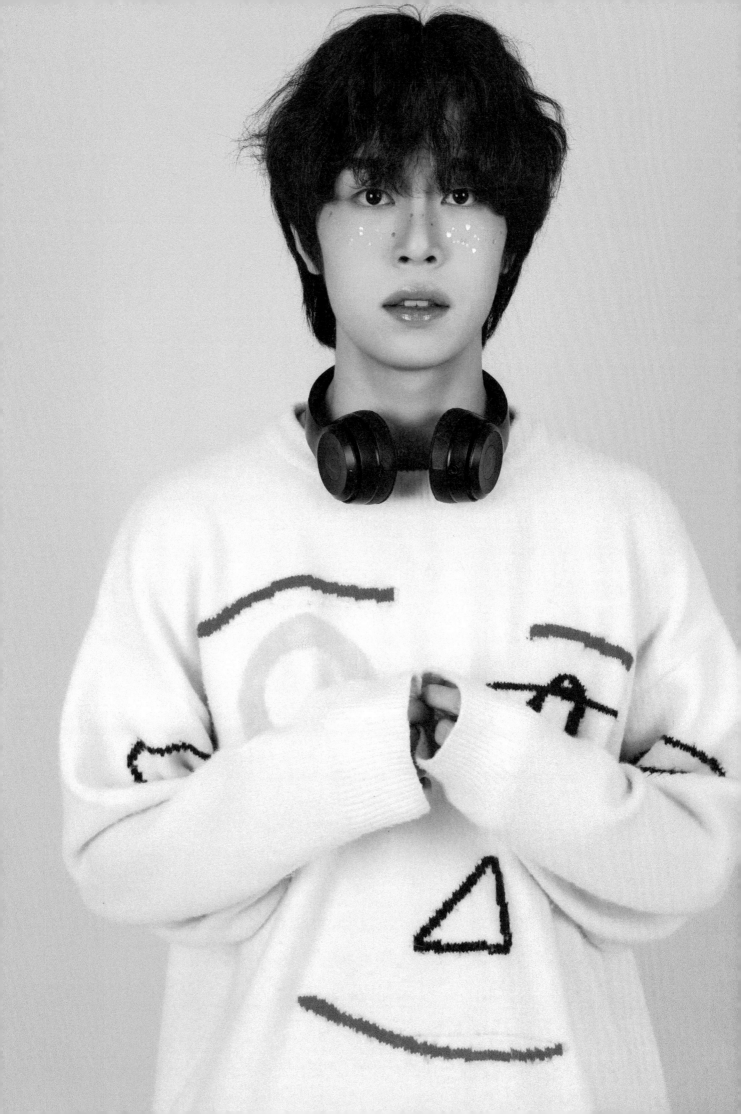

Q. 처음 '130체인지' 작품 출연 제안을 받았을 때 어땠나요?
A. 좋았지만 "준비를 잘할 수 있을까...?" 좋은 모습을 보여 줄 수 있을지 걱정되었던 것 같아요.

Q. 입시 준비로 인해 오랜만의 현장이었는데 어떤 마음이었나요?
A. 오랜만에 카메라 앞에 서니 떨리기도 하고 설레기도 했었어요.

Q. 현장에서 기억에 남는 부분이 있다면 무엇인가요?
A. 카메라 속에 비춰진 제 모습을 오랜만에 봐서 민망했던 기억이 있네요.

Q. 실제로 좋아하는 사람 앞에서 다른 사람으로 바뀌게 된다면 어떻게 행동할 것 같은가요?
A. 사실대로 말하고 이런 제 모습을 좋아하길 바랄 것 같아요.

Q. 다른 사람으로 '체인지' 된다면 특별히 하고 싶은 게 있나요?
A. 저를 어떻게 생각하는지 물어볼 것 같아요.

Q. 가장 최근에 했던 대화 중에서 가장 인상 깊었던 이야기나 경험은 무엇이었나요?
A. 대학 입시 영상 촬영을 할 때 모니터링을 하면서 점점 잡히는 제 연기를 보던 게 가장 인상 깊었어요.

Q. 어린 시절 배우를 꿈꾸기 전, 또 다른 직업으로는 무엇을 생각했었나요?
A. 제가 운동을 잘하고 좋아해서 육상선수, 축구선수 생각했었어요.

Q. 배우로서 첫 주요 배역을 맡았을 때의 기억은 어떤가요?
A. 행복했죠. 비록 제가 아직 아무것도 아니지만 뭐든 해낼 수 있을 것 같았어요.

Q. 배역에 완벽히 몰입하기 위해 어떤 특별한 방법을 사용하나요?
A. 인물의 상황을 머릿속에 그려봐요. 눈을 감고 제가 그 인물이라면 어떻게 행동하고 어떤 기분을 느낄지 많이 생각하고 상상하는 것 같아요.

Q. 출연한 작품 중에서 다시 한번 연기하고 싶은 캐릭터는 누구인가요?
A. '열일곱에 동거중'에 '현서' 역할을 다시 해보고 싶어요. 좀 더 열심히 잘했더라면 좀 더 인물로서 다가갔더라면 더 좋은 모습을 보여 줄 수 있었을 것 같아요.

Q. 지금까지 모든 촬영 중 가장 기억에 남는 순간은 무엇이었나요?
A. 한겨울인데 배경이 봄 이어서 야외씬 찍을 때 밖에서 벌벌 떨면서 찍었던 기억이 있네요.

Q. 배우가 되기 전, 인생의 가장 큰 목표는 무엇이었나요?
A. 부모님께 부끄럽지 않은 아들이 되는 거예요.

Q. 인생의 가장 중요한 순간을 하나만 꼽는다면, 무엇인가요?
A. 지금 제가 어떤 선택을 하냐에 따라 계속 제 인생은 바뀌기에 지금이라고 생각해요.

Q. 만약 당신의 인생에 대해 제목을 붙인다면, 어떤 제목이 어울릴까요?
A. 제목 '박현기' 제 인생은 제가 만들어 가니까요.

Q. 자신이 주인공인 영화나 드라마의 줄거리를 상상해 보세요. 어떤 이야기를 담고 싶으신가요?
A. 제가 힘들었던 일들을 이겨내고 인간으로서 배우로서 성장해 나가는 모습을 담고 싶네요.

Q. 좋아하는 영화나 드라마에서 가장 기억에 남는 대사나 장면을 말해 주세요?
A. 영화 형에서 마지막에 "너한테 해줄 말이 있어 너는 절대 혼자가 아니라는 거" 이 말이 정말 많은 힘이 되어 기억에 남는 것 같아요.

Q. 입시 준비 중에 가장 자주 고민하는 문제나 어려움은 무엇이었나요?
A. "내가 잘하고 있는 게 맞나?" 싶은 순간이 몇 번 왔어요.

Q. 입시를 준비하는 다른 배우들에게 조언하고 싶은 점이 있다면 무엇인가요?
A. 무엇이든 자신을 믿어야 해요. 본인이 본인을 못 믿으면 아무도 본인을 믿지 않아요. 하지만 본인을 믿는다고 본인 생각에 고집을 부리면 안 되죠.

Q. 입시 준비 과정에서 가족이나 친구의 지원이 어떻게 도움이 되었나요?
A. 가족과 친구들의 응원 덕분에 힘을 내서 더 열심히 했던 것 같아요.

Q. 입시 준비 중 가장 도움이 되었던 조언이나 팁이 있다면 무엇인가요?
A. 즐겨야 해요. 정말 힘든 거 알지만 내가 좋아하는 거고 그거를 하기 위해 싫은 것쯤이야 라는 생각으로 즐겨야 해요.

- 배우 박현기 -

Q. 당신이 존경하는 인물이나 사상가가 있다면 누구인가요? 그 이유는 무엇인가요?
A. 조정석 배우를 존경해요. 배우라는 꿈을 꾸게 해주신 분이거든요.

Q. 가장 자주 찾는 동기부여나 영감은 어디에서 얻나요?
A. 드라마, 영화, 연극, 뮤지컬 등을 보면 얻는 것 같아요.

Q. 꿈을 이루기 위해 가장 중요하다고 생각하는 태도나 마인드는 무엇인가요?
A. 식상하지만 포기하지 않는 거요. 수백 번 수천 번 수만 번 무너져도 다시 일어나는 거요.

Q. 성공과 실패의 개념을 어떻게 정의하나요?
A. 실패는 존재 하지 않는다고 생각해요. 모든 건 성공을 위한 밑거름이라고 생각해요.

Q. 인생에서 가장 큰 행복을 느꼈던 순간의 비밀은 무엇인가요?
A. 가족이에요.

Q. 자신만의 시간을 관리하는 방법은 무엇인가요?
A. 중요한 일들을 다 적어놔요. 다른 일과 겹치지 않게요.

Q. 스트레스를 해소하기 위해 어떤 방법을 사용하나요?
A. 먹어요. (웃음) 맛있는 걸 많이 먹으면서 스트레스를 풀어요.

Q. 미래의 자신과 대화할 수 있다면, 제일 먼저 어떤 질문을 하고 싶나요?
A. 제가 좋은 방향으로 성장하기 위한 방향성을 물어보고 싶어요.

Q. 상상 속에서 완벽한 하루를 설계한다면, 어떻게 보내고 싶나요?
A. 아침 일찍 피곤하지 않은 상태로 일어나 저에게 완벽하게 만족할 수 있는 연기를 하고 싶어요.

Q. 자신이 꿈꾸는 초능력을 하나만 가질 수 있다면, 무엇을 선택하겠어요?
A. 기억이 남은 상태로 시간을 돌릴 수 있는 능력을 갖고 싶어요.

Q. 만약 시간이 멈출 수 있다면, 어떤 순간을 선택해 그 시간을 만끽하고 싶으신가요?
A. 멈추고 싶지 않아요. 어떤 순간이든 반복되면 허무할 것 같아요.

Q. 만약 시간 여행을 할 수 있다면, 어느 시대를 방문하고 싶나요?
A. 부모님께서 제 또래였던 시절로 가서 부모님께서는 제 나이를 어떻게 보내셨는지 보고 싶어요.

Q. 첫인상에서 가장 중요하게 생각하는 요소는 무엇인가요?
A. 예의죠. 인사, 태도 등 기본적인 예의요.

Q. 상대방에게서 가장 끌리는 성격 특성은 무엇인가요?
A. 주변 사람들에게 예의는 바르지만 티 안 나게 저만 챙기는 거요.

Q. 자신의 연애 스타일을 한 단어로 표현한다면, 무엇이 될 것 같나요?
A. 도움이라고 생각해요.

Q. 이상형이 뭐예요?
A. 고양이상, 세고 예쁜 외적인 모습에 성격은 애교쟁이고, 주변 사람들에게 예의 바르고 저를 잘 챙겨주고, 질투가 심하지 않은 사람, 키는 163 정도가 좋아요. (웃음)

Q. 본인만의 플러팅 방법이 있다면요?
A. 딱히 없어서... 장난을 많이 치면서 잘 챙겨주는 것 같아요.

Q. 자신의 정체성을 한 단어로 표현해 주세요?
A. 성장

Q. 평소 전하지 못했던 말을 전할 수 있는 기회가 생긴다면 지금 이 순간 누구에게 어떤 말을 하고 싶나요?
A. 민망해서 자주 못하지만 부모님께 사랑한다고 하고 싶어요.

Q. 2025년의 목표를 알려주세요?
A. 조금씩이더라도 매일매일 인간으로서 배우로서 한층 더 성장하는 게 목표에요.

- 배우 박현기 -

Q. 처음 '130체인지' 작품 출연 제안을 받았을 때 어땠나요?
A. 나의 새로운 연기 모습을 볼 수 있다는 생각에 기뻤고 또 배우로서 연기를 할 수 있다는 건 정말 축복받는 일이라고 생각해요. 그래서 정말 감사하게 촬영에 임했어요.

Q. 김도연 배우와 첫 연기 호흡은 어땠나요?
A. 호흡을 잘 이끌어 줘서 편하게 연기할 수 있었고 격려도 많이 해주어서 좋은 연기 할 수 있었어요.

Q. 실제로 좋아하는 사람이 다른 사람으로 바뀌게 된다면 어떻게 행동할 것 같나요?
A. 우선 당황해서 정말 그 사람이 맞는지 계속 물어보고 테스트할 것 같아요. 체인지 되는 모습 그 자체를 인정하고 받아들이며 좋아할 것 같아요.

Q. 자신이 다른 사람으로 '체인지' 된다면 특별히 하고 싶은 게 있나요?
A. 저는 제가 좋아서 체인지 하고 싶지 않아요. 저는 저일 때 의미 있고 가장 아름답다고 생각하니까요.

Q. 본인이 출연한 작품 중에서 자주 보는 작품이 있다면 무엇인가요?
A. 어떤 한 작품을 자주 보는 것이 아니라 출연했던 모든 작품을 다 봐요. 그러면서 스스로 피드백을 하고 좋았던 부분과 부족한 부분들을 분석하는 편이에요. 다음 작품 때 더 좋은 연기를 하기 위해 내가 연기하는 모습을 끊임없이 모니터링하고 연습하는 것 같아요.

Q. 연기를 할 때 가장 중점적으로 신경 쓰는 부분은 뭐에요?
A. 전달력인 것 같아요. 결국 연기는 보여주는 예술이기 때문에 제 연기를 보는 분들이 제가 느끼고 있는 감정과, 혹은 제가 처한 상황들을 공감하고 이해하면서 함께 울고 웃고 하는 점들이 중요한 것 같아요. 연기예술이 주는 힘이 공감인 것 같아요. 저의 연기가 공감을 불러일으킬 수 있도록 많이 신경 쓰는 것 같아요.

Q. 자신이 출연한 작품에서 가장 기억에 남는 대사를 실제로 사용해 본 적이 있다면, 어떤 상황이었나요?
A. 실제로 사용해 본 적은 없는 것 같아요. 작품 속 캐릭터와 저의 삶은 다르기 때문에 평소에는 그냥 제 말을 하는 것 같아요. 그래서 작품을 할 때 평소에 안 해본 말들이 있을 때도 있고 때론 위로 해주는 대사가 있을 때, 특히나 위로나 공감을 주는 힘이 되어주는 대사들을 할 때 저도 많이 공감되고 힘을 얻는 것 같아요. 그게 연기를 하는 숨은 매력인 것 같아요. 작품을 통해서 대사를 통해서 저도 힘을 얻고 시청자분들에게도 기억 남는 대사가 되어주는 것 같아요.

Q. 최근 가장 많이 하고 있는 생각이나 관심사가 무엇인가요?
A. 어릴 때부터 글을 썼는데 최근 들어 어릴 때 썼던 글이나 떠오르는 영감들을 시나리오로 작업하고 있어요. 시나리오 작업을 배워본 적은 없지만 혼자 공부 해가며 쓰고 있어요. 좋은 시나리오 몇 작품을 쓰기도 해서 언젠가 기회가 된다면 "단편영화를 직접 제작해볼까?"라는 생각도 있어요. 그리고 연출과 감독으로도 꿈이 생겨서 제 이름으로 된 멋진 영화를 만들어서 세계를 감동 시키는 그런 영화를 만들어 보고 싶다는 생각도 있어요.

Q. 앞으로의 계획이나 꼭 해보고 싶은 배역이 있다면 어떤 것이 있는지 궁금해요?
A. 어릴 때 사극을 정말 많이 보고 좋아했어요. 그래서 사극 연기를 도전해보고 싶고, 그중에서도 세자 역이나 호위무사 역처럼 액션을 선보일 수 있는 역을 맡아보고 싶어요.

Q. 롤모델이 궁금해요?
A. 한선태 야구선수에요. 대한민국 최초 비선수출신 프로야구 선수이죠. 비선수는 프로가 될 수 없다는 규정을 바꾸기 위해 직접 인권위원회를 찾아가고 야구라는 꿈을 이루기 위해 혼자서 수많은 땀을 흘려 프로의 실력을 가지고 결국 프로선수가 되신 분이에요. 모두가 안된다고 외친 꿈을 향해 도전하고 수많은 좌절과 비난 속에서도 꿈을 이루어내고 최초이자 전설이 되었죠. 이점이 저에게 동기부여가 되었고 저도 꿈을 향해 도전하고 포기하지 않는 마음을 가지고 계속해서 꿈을 이루어 낼 거예요. 한선태 선수를 보면서 도전이 지닌 의미와 가치를 알게 되었고 저도 누군가에게 좋은 영향을 줄 수 있는 사람이 되고 싶어졌어요.

Q. MBTI & 본인이 바라본 자신은 어떤 사람인가요?
A. ENTP. 무서울 정도로 목표 의식이 뚜렷하고 한번 세운 목표는 반듯이 이뤄내야 하는 강박관념을 가지고 있는 것 같아요. 그만큼 열정적이고 도전을 즐기며 꿈을 위해 사는 사람이에요.

Q. 자신만의 스트레스 해소 방법은 뭐에요?
A. 운동을 좋아해서 무작정 밖으로 나가서 달리기를 할 때도 있고 농구나 야구처럼 스포츠를 할 때도 있어요. 스트레스를 운동으로 푸는 것 같아요.

Q. 만약 인생의 '비밀의 열쇠'를 찾을 수 있다면, 그 열쇠로 무엇을 열어보고 싶으세요?
A. 이 세상이 시뮬레이션인지 아닌지 보이지 않는 문을 열어보고 싶어요. 정말 시뮬레이션의 세상이라고 해도 제가 누군가의 게임 속 캐릭터라고 해도 저는 제 삶의 주체는 저이기에 열심히 살아갈 것이지만 그래도 궁금하긴 해요. 그 해답을 알게 된다면 이 지구가 왜 만들어졌는지 그리고 나는 어디서 왜 태어났는지 모든 게 해결될 것 같아요. 그리고 또 다른 세상이 존재하는지, 외계생명체의 존재를 알 수 있을 것 같아요. 그럼 저는 시뮬레이션 세상의 존재를 확인한 최초의 인류가 될 것이고 시뮬레이션 속 유일한 자아를 가진 누군가의 게임 캐릭터가 될 거니까요. 만약 보이지 않는 문을 열어 다른 세계로 가게 된다면 그 세계에서 나는 무엇을 하고 있을지 궁금하기도 하네요.

- 배우 정한성 -

Q. '130체인지' 한아준 역할의 '지승진' 배우와의 호흡은 어땠나요?
A. 특별한 NG 없는 빠른 호흡이었어요. 멍뭉미있는 한아준이라는 캐릭터를 잘 살려줬다고 생각해요. 현장에서 색다른 아이디어들도 많이 내줬고 제가 놓치는 부분들도 챙겨주었죠. 이 작품은 현장에서 더 나은 장면을 만들기 위해 촬영 감독님과의 각자의 의견대립이 많았던 작품이었어요. 그런 사이에서 승진 오빠가 중간에서 고생을 많이 했죠. 승진 오빠와도 더 많은 소통을 하면서 진행하지 못했던 게 아쉬웠어요. 결과물 적으로 바라보면 결국 오빠는 찰떡 한아준이었고 저는 유서린이었어요.

Q. '박현기', '김우혁', '정한성' 배우와의 호흡은 어땠나요?
A. 현기와는 직접적인 호흡이 없어서 아쉬웠어요. 짧은 분량이여도 '아준1' 역할이 인물 체인지에 있어서 첫 스타트를 끊어주는 캐릭터였기에 중요했죠. 아역시절부터 오랜 시간 알고 지내어 친분이 어느 정도 있었고 잘한다는 실력 또한 잘 알고 있었어요. 현기에게 갑작스러운 부탁을 했음에도 너무 흔쾌히 응해주어서 고마운 마음이 컸어요. 당시 입시 준비로 인해 바쁜 와중에도 시간을 내어주어서 너무 고마웠죠. 더 좋은 작품으로 현기와 직접적인 첫 호흡을 맞춰보고 싶네요.

우혁 오빠는 다른 현장에서 함께 호흡을 맞춘 경험이 여럿 있었고 '130체인지' 역시 재호흡이었어요. '130체인지'가 5번째 호흡 작품이었는데 점점 잘 맞아 간다는 걸 느꼈죠. 서로가 작품마다 점차적으로 성장하고 있다는 걸 느꼈을 거에요. 무더위에 운동장에서 너무 열심히 뛰어주어서 고마웠고 또 매번 현장에서 웃게 해줘서 고마웠어요. 현장을 즐겁게 만들어주는 능력이 있는 배우에요. 이번 작품에서도 빛내줘서 고마웠고 다음에도 더욱 빛내주길 원해요.

한성이 역시 이전에 예능으로 처음 만나 친분을 맺고 있었어요. 다만 연기적인 호흡을 맞춰본 건 아니었기에 제안을 하는게 모 아니면 도라고 생각하고 제안을 했죠. 간접적으로라도 연기 스타일을 전혀 알지 못해서 이미지와 마인드만 보고 제안을 했어요. 그렇게 '130체인지'에서 짧았지만 강력한 포인트로 호흡을 맞추게 되었는데 '나이스 캐스팅'이라는 단어를 쓰고 싶을 정도로 호흡이 좋았죠. 좀 더 제대로 된 많은 분량으로 호흡을 맞춰보고 싶다는 생각이 들었어요.

Q. 이 작품에서 기억에 남는 부분이 있다면요?
A. 3화 엔딩 벚꽃씬을 촬영할 때 현장에서 공사 소리가 너무 심해서 찍으면서도 "아 이건 후시를 해야겠다"라고 생각하고 거의 반포기 상태로 진행했는데 막상 편집을 하다보니 후시를 꼭 진행하지 않아도 커버를 할 수 있구나를 느꼈어요. 그래서 끝까지 포기하지 말아야해요.

Q. '130체인지'를 통해 전하고자 했던 메세지는 무엇이었나요?
A. 사소한 말 한마디라도 어릴 때부터 잘해야 한다는 걸 보여주고 싶었고, '얼굴이 바뀌고 다른 사람의 모습을 하고 있어도 결국 이어질 인연은 다시 이어진다'라는 것을 표현하고 싶었어요.

Q. 작품 속 떠오르는 명대사는 무엇인가요?
A. 저의 대사는 아니지만 3화에서 아준이의 대사 중에 '내 유일한 키는 너야'라는 대사가 있어요. 그 한마디가 작품을 표현해주는 명대사라고 생각해요. 그리고 서린이의 명대사는 아준이에게 교실에서 다가가며 '왜? 설레?'라고 한 부분이 있는데 그 한마디가 설렘 저격 포인트였기 때문에 명대사라고 생각해요.

Q. 작품을 준비하면서 가장 힘들었던 점은 뭐에요?
A. '130체인지'는 전작 91과 달리 촬영 전부터 우여곡절이 많았던 작품이었어요. 캐스팅 부분에 있어서 여러 어려움이 있었고 급하게 남주가 체인지 되며 지승진 배우가 맡게 되었던 것이었는데 작품 자체를 준비하는 기간은 전작보다는 여유가 있었으나 우여곡절 때문에 여유가 없었던 것이나 마찬가지였죠. 또한 등장인물이 많기에 가장 많은 인원을 혼자 리드해가며 제작하는 작품은 또 처음이었어요. 심적 여유가 없어지더라구요. 이렇게 직접 경험해보면서 하나씩 깨닫고 성장하는 것이라 생각해요.

Q. 가장 아쉽다고 느끼는 부분이 있나요?
A. 음향 노이즈와 작품 인트로가 아쉬워요. 편집 당시 작품 인트로를 조금 더 신경 써서 잘 만들었어야 했는데 나중에 시간이 지나고 바라보니 스스로에게 되묻게 되더라구요. "저게 최선이었나?"라고 되물으며 인트로에 대한 후회를 많이 했죠. 오히려 인트로는 첫 작품이 더 예뻤어서 더욱 비교 되더라구요. 다음부터는 음향 노이즈 역시 아예 없앨 수 있는 조건 환경으로 시작하고 인트로 역시 더 신경써서 편집 해야겠다고 느꼈어요.

Q. 실제로 좋아하는 사람 앞에서 다른 사람으로 바뀌게 된다면 어떻게 행동할 것 같은가요?
A. 아무리 좋아하는 사람이어도 말할 수 없는 비밀을 들켜버린 게 되잖아요? 상대가 제 비밀을 퍼트릴까봐 걱정할 것 같아요. 그런데 바로 코앞에서 바뀐 게 아니라면 그 상대가 비밀을 모르도록 다른 사람인 척 할 것 같아요. 아준이는 계속 다른 사람으로 바뀌어도 서린의 곁에 머물렀는데 실제 저라면 절대 그러지 못할 것 같아요. 아예 도망 다니거나 좋아하는 상대를 피해 다니지 않을까 싶네요. 좋아하는 마음도 짝사랑으로 끝날 것 같아요.

Q. 다른 사람으로 체인지 된다면 특별히 하고 싶은 게 있나요?
A. 아준이처럼 수시로 바뀌는 게 아닌 단 한 사람으로 체인지 되는 거라면 그 인물을 저의 보호 지킴이로 쓸 것 같아요. 실제 저에게 도움이 될 수 있는 존재로 만들어 놓는 거죠.

Q. 마지막으로 '유서린'과 '한아준'에게 김도연이 하고 싶은 말은 뭐에요?
A. "서로에게 상처가 될 수 있는 말을 하지 말고 아껴주면서 예쁜 사랑 하길 바래! 둘은 벗어날 수 없는 운명이야!"

- 배우 김도연 -

Q. 본인의 롤모델은 누구인가요?
A. 인생의 롤모델은 '일론 머스크'에요. 이 세상에 혁명을 이끌어가고 있으신 분이잖아요. 일론이 하는 사업들뿐만이 아니라 일론의 상상력, 창의력, 리더십, 멘탈, 마인드, 가치관이 모두 존경스럽고 항상 리스펙하게 돼요. 미래에 제일 기대되는 건 '뉴럴링크'에요. 일론이 롤모델이기 전에 '스티브 잡스'가 롤모델이었었어요. 전설적인 프리젠테이션 연설 영상을 봤었을 때 벅차는 심정으로 설레고 짜릿했었거든요. 지금은 그런 느낌을 일론 머스크한테서 받고 있어요. 그분을 멀리서 바라보고 있어도 짜릿하죠. 배우로서의 롤모델은 '지성' 선배님이에요. 자세한 건 아래 질문에 적혀있어요.

Q. 연기를 시작하게 된 계기나 영감을 준 사건이 있었다면 무엇인가요?
A. 2015년에 방송된 '킬미,힐미'라는 드라마를 보고 꿈을 키우게 됐어요. 지성 선배님께서 다중인격을 소화하시는 걸 보고 "와.. 나도 1인 다역을 연기하고 싶다"라는 생각이 들었거든요. 혼자서 여러 인물을 동시에 한 작품에서 소화하시는 걸 보고 진짜 너무 존경스러웠고 너무 멋있게 느껴졌어요. 제가 원래도 모험적인 도전을 즐기는 편인데 대단히 고충도 많고 힘들걸 알지만 저도 다중인격을 연기하고 싶다는 마음이 컸어요. 보통은 1인 2역 정도를 맡아 하는데 저는 지성 선배님께서 맡으셨던 역할처럼 여자 배우 중에선 제가 1인 다역을 해내고 싶었어요. 지금은 연차도 쌓이고 연기가 얼마나 매번 어려운 건지, 현장에서 씬 촬영 순서가 어떻게 돌아가는지 너무 잘 알지만 1인 다역으로 다중인격을 소화하고 싶다는 생각은 여전해요. 그런 작품의 캐스팅 기회가 운명처럼 찾아오면 좋겠어요. 그리고 제가 지성 선배님을 보며 꿈을 키워서 그런지 정말 꼭 한 번쯤은 인연이 닿아서 좋은 작품을 선배님과 함께 하고 싶어요.

Q. 자신이 가장 좋아하는 드라마, 영화, 음악을 추천한다면 무엇인가요?
A. 드라마에서는 '킬미,힐미', '후아유 학교-2015', '태양의 후예', '어쩌다 발견한 하루'를 추천하고 싶어요. 제가 가장 재밌게 보기도 했고 연기 공부를 하는데 환장할 정도로 좋아했던 드라마들이거든요. 영화는 역시 저의 출연작이죠. '차라리 죽여'를 추천해요. (웃음) 음악은 주로 팝송이나 블랙핑크, BTS, 베이비몬스터, 미야오, 이즈나 분들의 노래를 많이 들어요. 특히 요즘 꽂힌 노래는 'Tate McRae – It's ok I'm ok'라는 노래를 자주 들어요.

Q. 아역 시절 가장 힘들었던 순간은 언제였고, 어떻게 극복했나요?
A. 오디션 기회가 많이 없었었을 때, 계속 떨어졌을 때가 가장 힘들었어요. "정말 이 길이 내 길이 아닌가? 내가 맞게 걸어가고 있는 건가? 잘하고 있는 게 맞나? 진짜 다른 차선책의 길을 준비해야 하나?"라는 생각을 진짜 진짜 많이 할 정도로 마음고생이 심했었어요. 근데 그렇게 시간이 흐르다 보니까 나중에는 "내가 할 줄 아는 건 연기 밖에 없는데, 그동안 배운 것과 자신 있는 것이 오로지 연기뿐인데"라는 생각이었어요. 점점 자신감도 떨어져 갔죠. 공부를 열심히 한 것도 아니었거든요. 모든 시간을 다 연기에 투자하며 성장했기에 그래서 더욱 막막했죠. 이 길이 아니면 안 되니까요. 늘 미래에 불안했고 더 간절했었어요. 이런 불안감과 힘들었던 순간들을 어떻게 극복했는지는 정확하게 집지 못하겠어요. 아직도 여전히 불안하거든요. '김도연'이라는 배우가 하나의 브랜드가 되어서 나만의 자리를 잡고 안정적인 일을 하며 안정감을 찾을 때까지는 마음속에 불안과 늘 함께 살 것 같아요. 불안이라는 감정을 완전히 없앨 수는 없으나 불안이 극도의 불안으로 커지지 않게 긍정과 잘 어울리게 만드는 걸 계속하겠죠.

Q. 아역 시절부터 현재까지 연기 스타일이 어떻게 변화했나요?
A. 아역 시절 초반에는 학원에서 가르쳐주는 대로 오디션 독백을 위주로 연기 연습했었는데 독백만 하면 독백에만 머무르게 돼요. 오디션용 연기만 잘하게 되는 거죠. 하지만 현장에서 촬영할 때는 상대방과의 호흡으로 가는 연기가 대부분인데, 상대의 호흡을 이어서 가져오는 방법과 내가 뺏어오는 방법, 내가 이끌어가는 방법, 상대방의 연기에 대한 받아치는 리액션을 공부하려면 반드시 2인극의 대사들을 연습하는 게 좋아요. 같이 대사를 쳐줄 수 있는 사람이 곁에 있다면 더욱 좋고요. 그 상대가 연기를 잘하는 사람이라면 더더욱 좋고요. 저 또한 독백 공부에서만 머물러 있을 때보다 2인극 대사로 공부했을 때 연기에 대한 공부가 확연히 다르게 확 성장했어요. 물론 좋은 기회가 닿아 현장 경험을 많이 할 수 있다면 그게 최고의 연습법이고 공부겠지만, 기회가 내 뜻대로 오진 않잖아요. 그래서 2인극을 가장 많이 추천해요. 그래도 독백도 놓으면 안 돼요. 오디션에서 자유연기는 무조건 독백이니까요! 하지만 현장은 상대방과의 연기 호흡 대결이죠. 아역 때는 내가 딱 정해서 준비한 연기, 내가 할 것만 신경 써서 하는 연기 스타일이었다면 지금은 생각히는 폭이 넓어졌어요. 나도 준비하지만 "상대는 어떤 호흡으로 준비했을까?"를 더 생각하게 되더라고요. 유연성 있게 현장에서 바꿀 수도 있어야 하고 다른 방식의 연기를 미리 예상해야 하거든요.

Q. 아역 시절에 특별히 신경 썼던 연습이나 습관이 있다면 무엇인가요?
A. 아역 시절에 치아교정을 했었어요. 지금은 마무리 유지하는 단계지만 어렸을 때 진짜 엄청 아플 정도로 교정의 단계가 심각했어요. 심지어 화면에 철사가 보이면 비주얼 면에서 안 예쁘니까 모든 철사를 다 치아 안쪽으로 넣어서 교정한 케이스에요. 위아래가 다 안쪽으로 들어가니까 입안이 허는 건 당연하고 혀도 헐어서 죽을 먹기도 힘들었어요. 초반에는 발음이 또박또박 안 되는 거예요. 구강구조가 원래도 작은데 교정기까지 안쪽으로 들어가니까 혀가 움직일 수 있는 공간이 더 협소해진 거죠. 그래서 발음이 뭉개지는 거는 기본이고 많이 샜어요. 어느 정도였냐면 가나다라마바사가 또박또박 안 됐어요. 그때 가족들은 모두 아는데 제가 너무 스스로에게 화가 나서 엄청 소리 지르고 울고 제가 저를 때리고 난리였어요. 앞으로 연기하기엔 다 망했다고 생각했었거든요. 세상이 무너진 것처럼 울었어요. 근데 실컷 울고 나서 깨달았죠. "운다고 변하는 건 없구나"를요. 그래서 정신 차리고 매일매일 거의 잠자는 시간을 제외하고 전부 발음만 죽어라 연습했어요. '가나다라'부터 해서 '가갸거겨고교구규그기' 이걸 ㄱ부터 ㅎ까지 전부 다 했어요. "좁은 구강구조 안에서 어떤 혀 놀림의 꼼수를 써야 저 발음이 또박또박 날까?" 생각하며 미친 듯이 한 글자씩 연습했어요. 그렇게 2주 정도 흐르니 안 될 것만 같았던 게 반드시 해낸다는 생각으로 하니까 원래 발음처럼 또박또박 나오더라고요. 그때 감격의 눈물을 흘렸던 게 기억나네요. 뿌듯했고 그때 큰 깨달음을 얻었어요. "간절한 마음으로 시도조차 해보지 않고 안 된다고 하지 말자", "내겐 해낼 수 없는 건 없다"라는 걸요. 아마 제 자신을 가장 많이 학대한 순간이 저 때였을 거예요. 정말로 제가 원하는 대로 똑바로 발음 못 내면 계속 뺨 때리면서 연습했거든요. 이 이후로는 매번 저를 사랑하고 아껴주고 있답니다.

- 배우 김도연 -

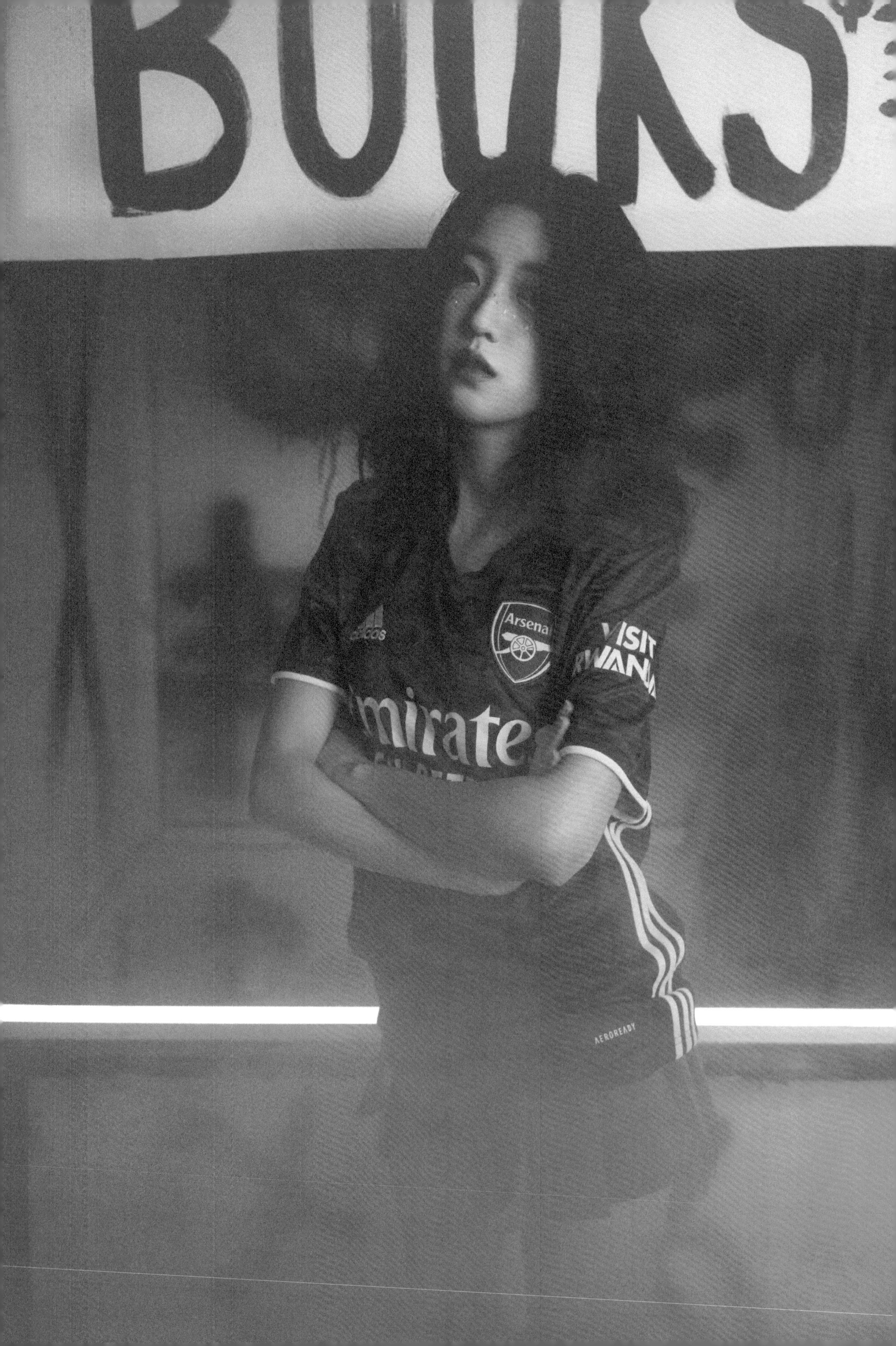

Q. 오랜 시간 동안 배우로서 계속 도전할 수 있는 원동력은 무엇인가요?
A. 어릴 때 처음엔 호기심, 재미로 계속 도전했다면 이제는 익숙함이 더 큰 것 같아요. 그리고 오기라고 해야 할까요? 쏟아부은 10년이라는 시간이 아까워서라도 이 길에서 끝장을 봐야겠어요. 어떠한 분야에서 전문가가 되려면 10년은 쏟아부어야 한다고 하더라고요. 그래서 저는 이제 지금부터가 진짜 시작이라고 생각하고 계속 도전할 거예요. 저는 연예계라는 예술 계통을 절대 벗어나지 못해요. 태생이 창의적이고 분석을 좋아하거든요. 설사 다른 분야로 가게 된다고 하더라도 결국 다시 미련이 남아서 돌아올 걸 알아서 애초에 가지 않을 거예요. 시간 낭비라는 걸 아니까요. 다른 길을 선택하면 또 다시 그 분야에서 10년을 향한 길이 시작되는 거예요. 그 험난한 고생의 길을 가면서까지 방향을 바꾸고 싶진 않아요. 다만, 언제나 예술 계통에서 다방면으로 소화하는 만능 엔터테이너가 되려고 노력하겠죠. 결론적으로 지금의 저는 10년이라는 시간에 대한 오기와 점점 성장해 나가는 모습에 대한 설렘으로 계속 도전하고 있어요.

Q. 배우로서의 여정에서 가장 큰 교훈이나 깨달음이 있나요?
A. "과연 내게 남들처럼 영광스러운 기회가 올까?"라는 오랜 질문에 이제는 답을 할 수 있게 됐다는 점이 큰 교훈을 준 것 같아요. 힘들어도 버티고 그 시간이 길어도 버티고 계속 도전하다 보면 "영광스러운 기회가 내게도 온다"라는 걸 느낄 수 있어요. 버티기만 하고 도전을 안 하면 안 돼요. 또 도전만 열심히 하다가 포기해 버리면 그것도 안 되죠. 둘 다 동시에 해야 해요.

Q. 어려운 역할을 맡았을 때, 도전의 의미와 그것을 어떻게 받아들이는지 궁금해요?
A. 신선한 도전이라고 생각해요. 어려운 역할에 대한 도전이라는 자체가 너무 재밌잖아요. 즐겨야 해요. 지금은 어렵게 다가오고 어렵게 보여도 어차피 결국엔 해낼 걸 알고 있으니까요. 나만의 한계를 또 한 번 깨는 느낌이 들어서 재밌어요. 해냈을 땐 또 얼마나 짜릿할지 보이니까 즐기는 거예요. 이 세상에 불가능은 없어요.

Q. 본인만의 휴식을 취하고 재충전하는 방법은 뭐에요?
A. 수면. 잠이 진짜 제일 중요해요. 쉬는 날에는 알람 맞추지 않고 잘 수 있을 만큼 계속 자고 일어나는 것 같아요. 하루종일 자고 일어나면 보통 하루에 1끼 식사 정도 하거든요. 그럼 자동으로 다이어트도 되고 피로도 풀리고 겸사겸사 좋은 거죠. 푹 자고 가장 먹고 싶은 맛있는 거를 먹고 하는 게 재충전의 방법이에요. 몰아보기로 드라마나 영화도 보고, SNS도 하고, 독서도 하면서 집순이로 놀아요.

Q. 향후 가장 기대되는 프로젝트나 활동은 무엇인가요?
A. 올해 준비 중인 프로젝트는 첫 솔로 앨범인데요. 부디 올해 나오길 바라는 마음이기도 하고 준비할 게 많다 보니까 예정대로 흘러갈지 모르겠어요. (웃음) 그럼에도 올해 안에는 반드시 나오길 바라며 제겐 가장 기대되는 프로젝트예요.

Q. 자신의 연기에 대해 어떻게 자기 비판을 하고, 그것을 개선하는 방법은요?
A. 항상 모든 작품에 매 순간 최선을 다하는데 그럼에도 원하는 만큼이 안 나올 때가 있고 아쉬움이 많이 남을 때가 있어요. 지금 시기에서 몇 년 전의 과거 출연 작품을 다시 시청해도 마찬가지의 생각이 들어요. 어떤 부분이 아쉽고 어떤 부분이 나의 강점이고 단점인지가 보인단 말이에요. 너무 연기를 못한 장면이나 전체적으로 못했다고 생각이 드는 작품들은 스스로에게 강한 비판을 해요. 근데 그 작품들을 다시 촬영할 수 없잖아요. 그럴 땐 제가 부족한 부분들이 무엇이었는지가 제 눈에 보이긴 하니까 다음 작품에서 다음 촬영에서 만회하는 거죠. 과거에 놓쳤던 부분들을 다음엔 챙겨가고, 또 그 작품에서 아쉬운 마음이 들었던 부분들은 다음 작품에 비슷한 씬이 있을 때 더욱 잘 챙겨가는 거죠. 과거에 출연한 수많은 작품들 중에 흑역사라고 생각하는 건 당연히 있어요. 그래도 후회하지 않아요. 하나하나의 경력이 쌓였기에 성장한 지금의 제가 있는 것이기 때문이죠. 또한 과거에도 늘 최선을 다했던 건 맞으니까 인정하는 거예요. 순간의 연기력에 대한 자기 비판이 자신이 쏟아부은 노력에 대한 비판으로 이어지면 안 돼요. 중립을 잘 지켜야 더욱 성장할 수 있어요.

Q. 지금까지의 경력 중 가장 자랑스러운 순간은 무엇인가요?
A. 17살 때 인생에서 첫 주연을 맡았던 웹드라마 '아스피린'이 자랑스럽고, 작년에 인생에서 첫 상업 작품 주연을 맡게 된 영화 '차라리 죽여'가 너무 자랑스러워요. 그리고 무엇보다도 제작에 참여한 작품이 OTT까지 진출하도록 만들어 준 '피의 향기'가 제작자의 입장으로 너무너무 자랑스러워요. 위 3작품은 평생 잊지 못할 거예요.

Q. 본인의 좌우명은 무엇이며, 그것이 삶에 어떤 영향을 미쳤나요?
A. "내가 해낼 수 있는 것이었기에 그 기회가 온 것이다"라는 한마디가 저의 좌우명이에요. 좌우명이 그동안 여러 번 바뀌었었는데 특별한 일이 없는 이상 지금의 좌우명이 유지될 것 같아요. 어떠한 기회가 왔었을 때 긴장하지 말고 부담 갖지 말고 자신감을 가지라고 제 자신을 위해서 스스로에게 최면을 거는 거예요. "내가 해낼 수 있는 거라서 이 기회가 내게 찾아온 거야"라고요. 그리고 또 반대로 해석할 수도 있어요. 어떠한 기회를 놓치거나 오디션에서 떨어졌을 때 "내가 해낼 수 없는 것이었기에, 나랑 인연이 원래 아니었기에 내게 오지 않은 거야"라고 아쉬워하지 말자고 간편하게 생각하는 거죠. 아역 시절부터 오디션이라는 희망 고문 같은 삶 속에서 계속 실망하고 낙담하지 않기 위해서 스스로를 보호하기 위해 씌워놓은 방어막 같은 좌우명이에요.

Q. 10년 후의 자신을 상상한다면, 어떤 모습일 것 같나요?
A. 지금부터 10년 후면 2035년, 제가 33살이겠네요. 아! 만으로 32살. (웃음) 제 분야에서 확실한 전문가가 되어있길 바래요. 저의 이름이 빛나고 가치가 있는 하나의 브랜드가 되었으면 해요. '최고, 최초, 혁명, 1위' 이런 타이틀을 달고 있는 사람이었으면 좋겠어요. 많은 노력을 하지 않아도 저를 먼저 자주 찾아주시고, 또 후배들한테 인정받고 사랑받는 존재, 후배들을 아끼고 사랑하는 참된 선배가 되어있으면 좋겠네요. 어려우면서도 편안한 안정감을 주는 사람이 되어있길 바래요. 그리고 33살이면.. 결혼도 하고 예쁜 가정을 꾸리지 않았을까요?

- 배우 김도연

Q. 처음 '130체인지' 작품 출연 제안을 받았을 때 어땠나요?
A. 항상 연기 연습만 하다가, 오랜만에 작품에 들어가니 매우 설렜어요. 새로운 작품과 한번도 해본 적 없는 설정의 대본이라 많은 기대를 했던 거 같아요.

Q. '김도연' 배우와 연기 호흡은 어땠는지와 어떤 사람이라고 생각하는지 궁금해요?
A. 도연이와는 뮤직비디오에서부터 연을 이어오며 많은 작품을 함께 해서 호흡이 매우 좋았어요. 도연이는 엄청 여리지만 애써 강해 보이려는 사람 같아요. 하는 말이나, 인간관계에 힘들어하는 걸 알고 있지만 애써 괜찮은 척, 안 힘든 척하는 모습들이 제가 나이는 더 많지만 저보다 더 어른스럽다고 느꼈어요.

Q. 현장에서 기억에 남는 부분이 있나요?
A. 장소가 협소해서 놀이터 구석에서 옷을 갈아입었던 게 제일 기억에 남네요. 혹여나 누가 볼까봐 매우 조마조마 했어요.

Q. 실제로 좋아하는 사람 앞에서 다른 사람으로 바뀌게 된다면 어떻게 행동할 것 같나요?
A. 이건 뭔가 되게 흥미로운데요. 오히려 전 즐길 거 같아요. 저인 걸 일부러 티 내면서 그 사람의 반응을 볼 거 같아요.

Q. 다른 사람으로 '체인지' 된다면 특별히 하고 싶은 게 있나요?
A. 평소에 겁이 많아 도전하지 못했던 것들을 도전할 것 같아요. 그렇게 된다면 실패를 하더라도 내가 실패한 게 아닌 다른 사람의 모습으로 실패했다고 위안 삼을 수 있을 거 같거든요.

Q. 어린 시절 '김우혁'은 어땠나요?
A. 감정표현이 매우 서툴렀으며 질투심이 많은 아이였어요. 뭐가 되든 일단 도전부터 하는 그런 아이였어요.

Q. 배우라는 꿈은 언제부터 꾸게 되었는지와 어떤 계기가 있었나요?
A. 원래는 모델로 활동을 먼저 했었으며 자연스럽게 카메라에 노출이 되다 보니까 좀 더 사람들에게 기억되는 사람이 되고 싶었어요. 그러다 보니 자연스럽게 배우의 꿈을 갖게 되었죠.

Q. 배우가 아닌 새로운 직업에 도전을 해본다면 어떤 직업을 갖고 싶나요?
A. 저는 체육 교사를 해보고 싶어요. 어렸을 적부터 축구선수를 했었으며, 성인이 되고 난 뒤부터는 스쿼시 강사로 작년에는 인천의 3개의 고등학교에서 시간제 강사를 했었거든요. 그러다 보니 새로운 직업에 도전한다면 체육 교사가 되어보고 싶네요.

Q. 대중들에게 본인이 어떻게 기억되고 싶은가요?
A. "와 저 배우는 어느 역할이든 빛이나네.. 존재감 쩐다"라는 말을 듣는 배우가 되고 싶어요.

Q. 롤모델이 궁금해요?
A. 류준열 배우님이에요. 선역이든 악역이든, 주연이든 조연이든 어느 역할에서도 빛이 나기 때문이죠.

Q. 앞으로의 작품 계획이나 꼭 해보고 싶은 배역이 있다면 어떤 것이 있나요?
A. 꼭 저는 특수부대 영화를 찍어보고 싶네요. 미국에 '블랙호크아이'라는 영화를 너무 재밌게 봐서 그런 군 액션 영화를 찍어보고 싶어요.

Q. 인생 영화가 무엇인가요?
A. '서울의 봄'이에요. 솔직히 제 배우 인생은 서울의 봄을 본 전 후로 나눠지는 것 같아요. 서울의 봄을 보고 난 뒤, 뭔가 저도 저렇게 명연기를 펼치고 싶다는 생각이 들어 그 뒤로 연습을 엄청 많이 한 거 같기 때문이죠

Q. MBTI & 본인이 바라본 자신은 어떤 사람인가요?
A. ESFP & ENFP에요. 남에게 관대한 거 같으면서도 자기가 정해둔 선을 어기면 가차 없이 끊어내는 냉정한 사람이라 생각하거든요.

Q. 평소 어떤 노래를 많이 듣나요?
A. 발라드 노래를 많이 들어요. 감정연기를 하기 전에 발라드 노래를 들으면 감정이 쉽게 잡혀서 엄청 좋더라고요.

Q. 본인만의 자기관리 비법은 뭐에요?
A. 하루에 한 번씩 일주일에 5번 헬스하기에요.

Q. 3년 뒤 자신에게 하고 싶은 한마디는 무엇인가요?
A. 너가 지금처럼 배우의 꿈을 계속 갖고 있을지, 현실적인 문제로 연기를 그만두고 다른 일을 하고 있을지 모르지만 무슨 선택이든 난 너의 의견에 존중해. 연기를 하든 다른 일을 하든 수고 많았고 앞으로도 지금처럼만 열심히 살자.

Q. 3가지 버킷리스트는 무엇인가요?
A. 1. 남들에게 인정받는 배우가 되는 것, 2. 주변 사람들이 힘들 때 먼저 찾는 사람이 되는 것, 3. 가족에게 인정받는 사람이 되는 것.

- 배우 김우혁 -

Q. 자신의 인생 철학을 한 문장으로 표현한다면 무엇일까요?
A. '예의'라고 생각해요. 예의를 차릴 줄 아는 사람이 받을 수 있다 생각하기 때문이죠.

Q. 어려운 상황에서 마음을 다스리기 위해 사용하는 원칙이나 방법이 있나요?
A. 저는 제가 좋아하고 응원하는 연예인을 생각해요. '뉴진스'나 '프로미스나인'을 생각하면 화가 풀리더라고요.

Q. 인생에서 가장 중요하게 여기는 가치는 무엇인가요?
A. '솔직함'이라 생각해요. 사람은 누구나 실수하고 잘못을 저지른다고 생각해요. 그때 솔직하게 말할 수 있느냐 없느냐가 살아가는 데 매우 중요하다고 생각해요.

Q. 인생에서 가장 큰 교훈을 얻었던 순간의 이야기를 간략하게 들려주세요?
A. 고등학교 때 부모님과 싸운 뒤 조금 세게 문을 닫은 경험이 있어요. 문을 닫을 때의 충격으로 방에 걸려 있던 액자가 떨어지면서 액자가 깨지게 되었었어요. 아버지께서 들어오셔서 화를 내시긴 커녕 저에게 조언을 해주셨어요. "지금이야 액자가 깨졌지만, 나중에 너가 더 커서 어른이 되었을 때 너의 감정을 주체하지 못하면, 액자가 깨지는 게 아니라 인간관계가 깨질 것이다"라고 말씀을 해주셨죠. 그때 화를 다스려야 하는 진짜 이유를 알게 되었어요.

Q. 인생의 주제를 '시즌'으로 나눈다면, 당신의 인생은 지금 어떤 시즌인가요?
A. 축구로 따지면 지금은 프리시즌인 거 같아요. 프리시즌은 시즌에 돌입하기 전, 준비하는 시기이죠. 훌륭한 멋진 배우가 되기 전 지금은 준비하는 단계라 생각해요.

Q. 당신의 가치관에 가장 잘 맞는 상상의 동물이 있다면 무엇일까요?
A. 강아지라 생각해요! 잘 교육된 강아지는 매우 예의 바르며 배신하지 않는 동물이라 생각하기 때문이죠.

Q. 상상 속 비밀의 정원에 가서 가장 먼저 하고 싶은 일은 무엇인가요?
A. 대짜로 눕고 싶어요. 얼마 전까지 학교에서 학생들을 가르치며 주말은 알바, 평일은 학교에서 수업 및 연기 연습 등 쉴 날이 없이 바쁘게 살고 있어 제가 상상하는 큰 정원에서 대짜로 눕고 싶어요.

Q. 별들이 말을 할 수 있다면, 첫 번째로 듣고 싶은 이야기는 무엇일까요?
A. "수고했고 수고해라"

Q. 가장 좋아하는 여행지는 어디인가요?
A. 저는 을왕리를 좋아해요. 너무 삶에 치이다 보면 바닷가 소리가 듣고 싶을 때가 있어요. 그때마다 서울에서 가까운 을왕리 바다에 가서 힘을 얻고 오기 때문이죠.

Q. 지금까지 인생에서 가장 짜릿함을 느꼈던 순간이 있다면 언제였나요?
A. 저는 중학교 때까지 학교 축구부로 축구선수를 했어요. 특히 초등학교 6학년 때 서울시 대회에 출전하여 골을 넣었을 때가 제일 짜릿했던 거 같아요.

Q. 자신이 생각하는 현재 사회의 트렌드와 아이콘은 무엇이라고 생각하나요?
A. 요즘 트렌드가 너무 바뀌다보니 따라가기 힘드네요. 전 인공지능이라 생각해요. '챗GPT'이며 제가 학생들에게 교육한 내용도 인공지능이기 때문에 인공지능이 트렌드라고 생각 드네요. 아이콘은 '뉴진스'라 생각해요!

Q. 일상에서 가장 큰 영감을 주는 것들은 무엇인가요?
A. 혼자 있는 시간이에요. 혼자 있을 때 저를 생각해 보면 나중에 뭘 할 것인지, 5년 뒤 내가 얼마나 성장해 있을지를 상상하게 되는데, 그 상상이 현실이 되도록 열심히 연습하기 때문이죠.

Q. 자신만의 스트레스 해소 방법은 뭐에요?
A. PC방에서 삼겹김치덮밥에 비빔면을 시켜서 4~5시간 정도 롤을 하면 스트레스가 풀려요. 거기에 아이스티 대용량까지 필수로 주문하죠.

Q. SDT 출신인데 기억에 남는 에피소드가 있나요?
A. 대테러 경연대회 때가 정말 많이 기억 남네요. 그 경연대회를 준비하면서 엄청나게 많은 노력과 땀을 흘렸어요. 여러 특수부대와 함께 연합훈련 하면서 많은 걸 배웠기 때문에 제일 기억에 남는 경험인 거 같네요.

Q. 초능력을 얻을 수 있다면, 어떤 능력을 원하나요?
A. 상대방의 생각을 읽는 초능력을 얻고 싶어요. 그러면 오디션에서 감독님들께서 원하고 생각하는 연기방식으로 연기를 할 수 있고 따라서 모든 오디션에 붙고 싶기 때문이에요.

Q. 상대방에게 가장 중요하게 여기는 신뢰의 요소는 무엇인가요?
A. 실천이라 생각해요. 그 사람이 생각만 하는지 생각하고 그 뒤 행동으로 옮기는지를 알 수 있는 방법이 신뢰라고 생각해요. 누구나 말은 그럴싸하게 할 수 있지만, 행동으로 옮기는 건 무척 힘든 일이라 생각하거든요. 실천을 할 수 있는 사람은 매우 성실한 사람이라 생각하여 신뢰할 수 있다고 생각해요.

- 배우 김우혁 -

Q. 최근 가장 많이 하고 있는 생각이나 관심사가 무엇인가요?
A. 내 주변에 정말 좋은 사람들이 많은데 "그 사람들한테도 내가 좋은 사람일까?"라는 생각을 많이 하고 있어요. 그래야만 그 사람들에게 더 잘하고 좋은 사람들을 안 놓칠 수 있기 때문이에요.

Q. 어떤 종류의 선물을 받으면 가장 기뻐하나요?
A. 저는 그림을 받고 싶어요. 제 초상화요. 뭔가 그림을 그리면서 계속 내 생각을 했다는 거니깐 잘 그렸든 못 그렸든 너무 고마울 것 같아요.

- 배우 김우혁 -

Q. 이상형이 뭐예요?
A. 무조건 키가 작아야 해요. 165cm 이하에 강아지와 고양이를 섞어놓은 얼굴에 애교 많고 나만 바라봐 주는 사람.

Q. 본인만의 플러팅 방법이 있다면요?
A. 플러팅은 따로 안 하고 그냥 맘에 들면 처음부터 너한테 관심 있다고 말해요.

- 배우 김우혁 -

Q. 자신의 정체성은 한 단어로 표현해 주세요?
A. 열심

Q. 평소 전하지 못했던 말을 전할 수 있는 기회가 생긴다면 지금 이 순간 누구에게 어떤 말을 하고 싶나요?
A. 재작년에 돌아가신 할아버지한테 죄송하다고 하고 싶어요. 할아버지가 아프실 때, 대학 다니느라, 아르바이트하느라, 촬영하느라 할아버지를 많이 찾아 뵙지 못했어요. 너무 미안하고 또 미안하고 우리 엄마 이쁘게 멋있게 잘 낳아주셔서 감사하다고 꼭 전하고 싶어요.

- 배우 김우혁 -

Q. 2025년의 목표를 알려주세요?
A. 크든 작든 작품 10개 이상 하기! 작품이 크든 작든 10개 이상을 하는 거면 엄청나게 힘들고 대본도 많이 외워야 하지만 그만큼 많은 감독님, 피디님, 배우분들을 만나면서 많이 성장할 수 있다는 점에 목표를 두었어요.

- 배우 김우혁 -

Q. 상상 속의 동물 또는 캐릭터를 키울 수 있다면, 무엇일까요?
A. 하츄핑 키우고 싶어요. 실물로 존재한다면 너무 귀여울 것 같거든요. 보고만 있어도 귀여워서 기분이 좋아지고 행복해 질 것 같아요.

- 배우 김도연 -

Q. 하루 동안 모든 동물과 대화할 수 있다면, 어떤 동물과 가장 긴 대화를 나누고 싶나요?
A. 고양이. 뭔가 고양이는 모든 답을 알고 있을 것 같아서요.

- 배우 김도연 -

Q. 후배 배우들에게 어떤 조언을 해주고 싶은가요?
A. 연기적인 부분에 대한 조언이 아닌 멘탈과 마인드에 대해서 전해주고 싶어요. 사실 연기는 본인이 꾸준하게 더 잘하려고 노력을 많이 하고 도전한다면 시간이 흐를수록 성장하는 모습이 보이거든요. 그런데 멘탈 컨트롤은 쉽지 않아요. 사실 이 길이 눈앞에 무언가가 보이지 않는데 꾸준히 성장하며 굳건한 믿음으로 걸어가야 하거든요. 그 과정 속에서 지치고 힘든 순간들이 때때로 있는데 그때마다 포기하지 말라고 하고 싶어요. 한순간의 벼락 성공을 바라기보다 롱런을 추구하는 배우가 되었으면 좋겠어요. 롱런으로 달려 나가려면 스스로의 마음을 잘 돌볼 수 있어야 해요. 내 마음이 힘들다고 어렵다고 얘기하는 걸 절대 머리로만 생각하고 무시하고 넘기지 말고 바로바로 치유 해줄 수 있어야 해요. 치유 방법은 사람마다 다르겠지만 저 같은 경우는 제 자신과 대화를 해요. 입 밖으로 말을 꺼내서 혼잣말로 실제로 대화해요. 주변에서 보면 미친 사람처럼 볼 수 있으니까 나 혼자만의 공간에서 하는 걸 추천해요. (웃음) 가끔 화장실 거울을 보고 저와 눈을 맞추며 심도 깊은 대화를 이어가기도 해요. "지금 가장 아프고 상처받은 게 뭐야? 원인이 뭐야? 그 원인을 해결할 수 있는 방법은 뭐야?"라고 하기도 하고 "강해져. 단단해져. 살아남아야지. 시원하게 지금 울고 더 독해져. 넌 해낼 수 있잖아. 난 널 믿으니까"라고 단련시키기도 해요.

Q. 연기 외에 도전해보고 싶은 다른 분야나 활동이 있다면 무엇인가요?
A. 음악방송 MC를 하고 싶어요. 어렸을 때부터 바랐던 소원 리스트 중 하나거든요. 감사한 기회가 닿아 소원이 이뤄지는 그날을 기대할게요.

Q. 힘든 일이 있을 때마다 어떻게 견뎌내고 어떤 마음가짐을 가지는지 궁금해요?
A. "신이 또 얼마나 나를 테스트하나?", "얼마나 더 단단해지고 성숙해지라고 내게 이런 시련을 주시는 건가?", "이 불행 속에서 내가 얻어갈 것은 무엇인가?", "나는 이 힘든 상황 속에서도 배우고 챙길 수 있는 게 분명히 있을 텐데 그게 뭘까?" 이런 생각들을 해요. 어차피 시간이 흐르고 시간이 다 해결해주기 때문에 시간의 흐름을 기다리면서 그 순간적인 불행을 버티는 거죠. 이겨내고 나면 이 또한 나중엔 아무렇지 않게 얘기하고 받아들일 수 있을 거라는 믿음이 있으니까요.

Q. 오랜 시간 동안 배우의 길을 걸어온 자신에게 가장 큰 자부심을 느끼는 부분은 무엇인가요?
A. 하나의 길을 오랜 시간 동안 유지한다는 자체가 절대 쉽지 않은 일인데 유지하고 있다는 자체만으로도 이미 스스로에게 큰 자부심을 갖고 있어요.

Q. 배우 인생에서 가장 기억에 오래 남는 촬영은 무엇인가요?
A. 아무래도 배우 인생 최초였던 첫 촬영 현장이 가장 기억에 남아요. 초등학교 6학년 때 진짜 맨 처음 촬영 현장이다 보니까 보조출연으로 갔던 작품이었지만 그때의 새벽 공기와 냄새가 여전히 잊혀지지 않아요. 그 작품이 '마을-아치아라의 비밀'이었는데 그저 스쳐 지나가는 보조출연이었음에도 불구하고 너무 설레고 즐겁고 행복했던 그 모습이 기억에 남아요. 지금도 현장으로 새벽에 출발할 때가 있으면 그때의 감성과 기억, 마인드가 자동으로 떠올라요. 심지어 그 당시에 사복을 입고 출발해서 현장에서 교복으로 갈아입었었는데 제가 어떤 사복을 입었었는지도 기억나고 그 옷의 특유 냄새까지 기억해요. 그래서 제겐 제 배우 인생에서 첫 시작과 첫 발걸음을 나아갔던 그날이 평생 기억에 남을 것 같아요. 새벽 공기를 마시면 여전히 초심을 되찾는 기분이기도 해요.

Q. 좋아하는 음식과 싫어하는 음식은 뭐에요?
A. 좋아하는 음식은 한식이랑 광어회, 싫어하는 음식은 꽃게, 가지, 족발, 닭발, 선지 등등.

Q. 사랑을 표현하는 데 있어 가장 선호하는 방법이나 스타일이 있다면 무엇인가요?
A. 상대에게 꾸준한 애정 표현과 솔직함을 원하고 저 또한 그렇게 하려고 노력하는 것 같아요.

Q. 당신이 시간 여행을 할 수 있다면, 어느 시대에 가고 싶고, 그 이유는 무엇인가요?
A. 저는 과거가 아닌 미래로 시간 여행을 하고 싶어요. 아무도 예측할 수 없는 때로요. 2400년쯤이면 재밌을 것 같네요. 이번 생에선 절대 알 수 없는 시대로 가보고 싶어요. 지구가 얼마나 바뀌어 있을지 기대되잖아요. 아! 도플갱어를 만나면 한쪽이 죽는다고 하잖아요? 만약 그게 사실이 아니라면 2053년으로도 가보고 싶네요. 53년도로 다녀오면 현재의 제게 도움이 될 수 있는 정보들을 대단히 많이 알아 올 수 있을 것 같아서요.

Q. 배우가 아닌 다른 직업을 갖게 될 수 있다면 어떤 직업이고 그 이유는 무엇인가요?
A. 어렸을 땐 장래희망이 정말 다양했어요. 판사, 검사, 교사, 대통령, CIA or NIS 요원, IT 사업가 등등, 물론 그 안에 아이돌, 배우도 있었죠. 생각해보면 주로 리더십을 펼치거나 신비로운 직업을 갖고 싶어한 것 같아요. 결국 다양한 삶과 직업을 간접적으로 살아볼 수 있는 배우의 길을 걷고 있지만 만약 지금의 상태에서 다른 직업을 택해야 한다면 IT 사업가를 선택할 것 같아요. 제 롤모델인 일론 머스크처럼 이 세상에 혁명을 가져다주는 아이디어들을 실행시키고 싶거든요. 그치만 제가 살아가는 시대 속에선 일론이 계시니까 그분을 응원하는 걸로 하고 저는 배우 & 제작자라는 저의 분야에서 창의적인 혁명을 일으키고 싶어요. 늘 새로운 도전과 신선한 작품을 이어가고 싶어요.

Q. 만약에 초능력을 가질 수 있다면, 무엇을 선택하고 그 이유는 무엇인가요?
A. 무를 유로 창조할 수 있는 초능력. 원하는 것을 직접 만들어 내거나 얻을 수 있다면 나머지는 자동으로 따라올 것이라 생각해요.

Q. 본인이 하는 가장 4차원적인 상상은 무엇인가요?
A. 음.. 이 세상이 모두 컴퓨터 속 시뮬레이션인 데이터 세상이라면? 가상 세계라면? 이라는 상상이 가장 4차원적이네요.

- 배우 김도연 -

Q. 2025년의 목표는?
A. 'OTT든 방송사든 긴 호흡인 드라마 최소 1작품은 주연으로 촬영하기', '배우로서 주조연으로 상업 작품 총 3작품 촬영하기', '가수로서 첫 솔로 앨범 발매하고 활동하기', '모델로서 브랜드 공식 모델 되기', '제작자로 다양한 시도를 통해 성과 내기'에요. 목표대로 이뤄진다면 아마 올해는 쉬는 날이 전혀 없을걸요? (웃음)

- 배우 김도연 -

Q. 인생의 '좌우명'은 무엇인가요?
A. '도전한 자만이 성공의 결과를 얻을 수 있다'에요.

- 배우 정한성 -

Q. 본인만의 플러팅 방법이 있다면?
A. 그 사람에게 도움이 될 수 있는 부분들을 잘 챙겨주려고 해요. 적당히 보다는 자주 챙겨주죠. 뭔가 남들보다 본인이 더 챙김을 많이 받았다는 생각이 든다면 그건 저한테 플러팅 당한 거에요.

Q. 자신의 정체성은 한 단어로 표현한다면?
A. '데이터' 데이터는 아예 없는 정보를 만들어내진 않잖아요? 정보를 바탕으로 데이터가 쌓이는데, 저 또한 경험을 바탕으로 경험치가 쌓여서 성장해요. 지금은 제가 기가바이트 단계라면 테라바이트 단계까지 더욱 크게 성장하길 바라는 마음이에요.

- 배우 김도연 -

Q. 평소 전하지 못했던 말을 전할 수 있는 기회가 생긴다면 지금 이 순간 누구에게 어떤 말을 하고 싶나?
A. 만약 타임머신이 있다면 '과거의 나'에게 말하고 싶네요. "그 당시에는 힘들고 어렵고 이 세상이 마치 나만 억까하는 것처럼 느껴질 수 있는데, 시간이 지나고 보면 '아 그때 참 힘들었지, 아팠었지'라고 그냥 무덤덤하게 말할 수 있게 되더라. 과거는 시간에 의해 결국 감정은 사라지고 기억만 남게 돼. 그러니까 행복의 감정을 느끼게 된다면 그 순간만큼은 고스란히 그 감정을 느끼고 즐겨주길 바래. 너는 뭐든지 어떻게 해서든지 해내는 사람이더라. 낙심하지 말고 버텨! 너가 쏟아부은 시간들이 절대 헛되지 않았으니까. 미래의 나를 믿어봐."라고 전하고 싶어요. 왜냐면 과거의 제겐 이런 말을 해주는 사람이 없었거든요. 부디 멀지 않은 미래에 타임머신이 생기길.. (웃음) 그럼 쪽지로 써서라도 보낼텐데 말이죠.

- 배우 김도연 -

Q. 이상형이 있다면 자세하게?
A. 세심하게 다정하고 자기 할 일도 열심히 하는 사람, 먼저 표현해주고 다가와주는 사람, 서로 대화가 잘 통하고 편안한 사람이 좋아요. 아! 연락의 텀이 많이는 길지 않은 사람이면 더 좋아요. 무엇보다도 나만 바라봐주는 사람! 주변 이성 문제가 없는 해바라기 같은 사람이 좋아요. 귀엽잖아요. (웃음)

- 배우 김도연 -

Q. 시간의 흐름을 바꿀 수 있다면, 어떤 순간에 멈추고 싶나요?
A. 내게 혹은 나의 사람들에게 위기인 순간들이 온다면 딱 그때 시간을 멈춰서 흐름을 바꾸고 싶어요. 위기나 위험한 일을 겪지 않도록 결과를 바꾸는 거죠.

- 배우 김도연 -

Q. '피의 향기' 뱀파이어라는 독특한 소재를 떠오르게 된 계기가 궁금해요?

A. 뱀파이어라는 가상 존재에 대한 상상은 어렸을 때부터 많이 했었는데 결정적으로 피의 향기라는 작품의 스토리가 떠오르게 된 건 9년 전쯤 어느 날 밤에 밖에서 예쁘게 뜬 보름달을 봤었어요. 보름달에 소원을 빌면 이뤄진다 하잖아요? 어렸던 제가 소원으로 "뱀파이어라는 존재가 있다면 저와 사랑에 빠지게 해주세요" 그랬었어요. 철없지만 인간이 아닌 존재와 사랑을 하고 싶었나봐요. 그랬던 제 마음을 정리하며 상상하다보니 "뱀파이어와 첫만남은 어떻게 어떤 방식으로 어떤 멘트로 만나게 되고 시작될까?" 의문을 갖기 시작하면서 태민이의 명대사 한마디가 생각났어요. "인간 아이? 향기 한번 죽이네" 이 한마디부터 모든 스토리가 쓰여진거죠.

- 배우 김도연 -

Q. ‘피의 향기’ 작품 제안을 받고 출연을 결심하게 된 계기는 무엇인가요?
A. 배우로서 한 작품 한 작품이 소중하고 감사하게 생각해요. 차기작을 고민하고 있던 시기에 ‘피의 향기’ 출연 제의가 왔고, 이 작품을 통해서 좋은 연기를 보여드릴 수 있는 기회라고 생각했고, 또 "정한성이라는 배우도 있다는 것을 알릴 수 있는 계기가 되지 않을까?" 해서 감사한 마음 가지고 출연하게 되었어요.

Q. 시나리오의 매력은 무엇이었나요?
A. 제목에서도 알 수 있듯이 ‘뱀파이어’라는 소재를 가지고 시청자분들께 흥미를 유발한다는 점인데요. 기존 뱀파이어 작품과 차별점이 있다면 다른 뱀파이어 작품은 인간의 피를 먹으며 살아간다는 공포스러운 분위기, 그리고 인간에게 두려운 존재로 많이 알려져 있을 텐데요. ‘피의 향기’는 뱀파이어와 인간의 사연 깊고 사랑 이야기를 담고 있어 설렘 가득하면서도 가슴 아픈 사연을 통해 잔잔한 울림을 준다는 점이 매력적으로 다가온다고 생각해요.

Q. 긴 호흡으로 이끌어가는 대사량이 많은 첫 주연이었는데 소감은요?
A. 항상 작품을 촬영할 때면 대사 한마디 없는 배역일지라도 늘 주연이다 생각하고 최선을 다해 촬영해 왔어요. 그래서 이번 작품에 주연을 맡게 되었을 때도 크게 다른 건 없었어요. 주연이라고 해서 막 들뜨거나 기쁘거나 그런 것이 아니라 "내가 연기로 보여드릴 것이 더 많아졌네? 그럼 더 잘 준비하자" 이런 느낌이었어요. 물론 주연이라는 자리가 주는 책임감과 부담감은 있었지만 저를 믿어주신 관계자분들과 이 작품을 보실 시청자분들을 생각하며 "어떻게 하면 더 좋은 연기를 할 수 있을까?"를 더 많이 고민했던 것 같아요. 그동안 작품, 배역 안 가리고 밑바닥부터 열심히 한 작품 한 작품 촬영해 왔는데 그때의 경험과 노력들이 이번 작품에서 주연이라는 자리로 이끌어 준 것 같고 그 자리에서도 최선을 다할 수 있었던 것 같아요. 열심히 땀 흘린 제 자신에게도 너무 고맙다고 말하고 싶어요. 앞으로 더 많은 작품에서 주연을 맡게 될 텐데 이번 작품이 좋은 밑거름이 될 것이라고 생각해요.

Q. 촬영장 분위기는 어땠나요?
A. 웃음을 잃지 않고 배우분들과 스태프분들이 한마음으로 뭉쳐서 서로서로 도와가며 촬영을 진행했어요. 열악한 환경 속에서도 최고의 작품을 만들기에 더 많이 신경 쓰고 격려도 해주며 함께 어려움을 이겨내면서 서로를 더 많이 의지하게 된 현장이었죠.

Q. 뱀파이어 캐릭터를 준비하기 위해 무엇을 노력했나요?
A. 대본을 정말 많이 봤고 뱀파이어 소재의 영화와 드라마를 많이 찾아보며 캐릭터 연구를 했어요. 뻔한 뱀파이어가 아니라 홍태민이라는 캐릭터에 맞게 뱀파이어를 만들어야 했고 목소리부터 톤과 감정을 연습하며 준비했던 것 같아요.

Q. 이번 작품에서 캐릭터가 강했던 만큼 부담이 있지는 않았나요?
A. 부담보다는 오히려 새로운 캐릭터를 연구하고 연기할 때 오는 즐거움이 더 컸던 것 같아요. 배우로서 다양한 캐릭터를 연기할 수 있다는 건 정말 감사한 일이죠. 좋은 연기를 보여드리고자 많은 시간을 썼던 것 같아요. 그래서 그런지 지나고 보면 더 잘 할 수 있었을 텐데 아쉬움이 남기도 하고 더 좋은 연기를 보여드리고 싶다는 욕심도 나고, 저에게는 새로운 도전이었고 한 걸음 더 나아갈 수 있었던 것 같아요.

Q. 촬영할 때 깊이감 있게 느껴질 만큼 몰두한 순간이 있었나요?
A. 은서의 전생 과거 씬에서 주찬이 은수를 죽이고 태민이 죽은 은수를 끌어안고 우는 장면이 있는데 홍태민이 가장 사랑한 사람을 눈앞에서 떠나보내게 되는 그 심정을 연기하려고 하니까 더 많이 집중하고 연기했던 것 같아요. 어떠한 감정을 연기해야지가 아니라 정말 사랑하는 사람을 잃었을 때의 절망과 슬픔, 이성적인 판단이 안 되는 그런 상황들을 생각하고 촬영하니까 정말 슬픈 감정이 확 올라오더라고요. 평소 강해 보였던 태민이가 강해져야만 했던 이유를 보여준 장면이고 그런 태민이가 가장 순수한 소년처럼 울부짖는 모습이 반전의 모습과 더불어 가슴 아픈 장면이라 더 많이 집중하고 몰입한 순간이었어요.

Q. 이번 작품을 촬영하며 가장 힘들었던 씬은 무엇인가요?
A. 아이러니하게도 위에서 말씀드린 씬인데요. 죽은 은수를 보고 격해진 감정과 눈물을 흘리며 연기하는 장면이에요. 연기라는 게 배우 혼자 느끼고 표현하는 게 아니라 시청자분들에게까지 잘 전달이 되어야 하는 게 중요하다고 생각하는데 이 장면이 제가 생각한 대로 잘 전달이 되었을지 생각하다 보니 욕심도 생기고 그랬던 것 같아요. 그러다 보니 여러 번 촬영하고 눈물과 감정을 가지고 있으니까 점점 에너지도 쏟고 체력적으로 힘들기도 했던.. 기억에 남는 힘들었던 씬이에요.

Q. 촬영 현장에서 가장 기억에 남는 비하인드는 뭐예요?
A. 숲속에서 촬영할 때 개가 너무 많았어요. 신기한 게 슛이 들어가기 전에는 조용하다가 슛이 들어가고 대사를 치면 개가 짖어서 사운드 NG가 많이 났었죠. 그래서 개한테 안 보이려고 숙여서 조용히 지나다니고 그랬던 비하인드가 있어요.

Q. ‘홍태민’ 캐릭터의 기억에 남는 명대사는 뭐예요?
A. "난 지금의 너가 더 소중해" 홍태민이 은서에게 하는 대사인데 이 대사가 주는 힘이 있는 것 같아요. 과거의 삶이 아닌 현재의 삶을 살아가는 모든 이에게 소중한 사람이라고 응원의 메시지를 주는 것 같아 명대사로 뽑았고 ‘너와 그리고 나, 모두가 소중한 사람’이라는 것을 알았으면 좋겠어요.

Q. 실제라면 ‘최은서’와 ‘최은수’ 중에 누구를 선택할 것 같나요?
A. 최은수를 선택할 것 같아요. 홍태민이 사랑한 사람은 은수이고 은서는 그런 은수랑 닮았기에 마음이 생긴 것이라고 생각하거든요. 엄밀히 따져보면 사랑하는 사람은 은수이기 때문에 은수를 택할 거예요. 은수와 함께한 모든 게 태민이에게는 더 행복할 것 같기 때문이에요.

- 배우 정한성 -

Q. '홍태민'이라는 캐릭터에게 공감이 갔던 부분이 있다면요?
A. 한 사람만을 바라보는 점이 공감이 된 거 같아요. 저도 사람뿐 아니라 어떠한 목표를 가지면 그 목표를 이룰 때까지 끝까지 하는 편이라 태민이는 한 사람을 바라본다면 저는 하나의 목표를 이루기 위해 끝까지 한다는 점이 공감 갔어요.

Q. 실제로 본인도 누군가를 사랑한다면 한 사람을 오래 바라볼 것 같나요?
A. 사랑이라는 게 저는 "370년에 한 번 일어나는 개기일식처럼 운명적 만남으로 낮에 불타는 태양과 밤에 빛나는 별이 한 날, 한 시에 만나는 것"이라고 생각해요. 그만큼 사랑이라는 게 이루어지기 어렵고 특별하다고 생각하기에 좋아하는 사람이 생긴다면 오랫동안 바라볼 것 같아요.

Q. 실제로도 '홍태민'처럼 좋아하는 사람이 생기면 집착이 생기나요? 티가 나나요?
A. 좋아하는 사람이 생기고 마음이 가면 티가 나는 것 같아요. 그러나 절대 집착은 하지 않죠. 왜냐하면 내가 좋아하는 사람이 나의 이상형이고 마음이 가는 것처럼 그 사람도 좋아하는 사람이 있을 수 있기 때문이에요. 나의 이상형은 그 사람이 될 순 있지만 그 사람의 이상형이 내가 아닐 수 있으니 집착은 하지 않아요.

Q. 캐릭터와 실제 본인의 싱크로율은 몇 퍼센트라고 생각하는지와 이유도 궁금해요?
A. 100%가 될 순 없겠지만 100%가 될 수 있도록 정말 많이 준비했던 것 같아요. 태민이는 직설적인 표현과 말 한마디에 감정을 대놓고 들어내지만, 저는 직설적인 성격이 아니라서 조금 다른 부분은 있었던 것 같기도 하고, 하지만 한 사람을 오랫동안 그리워하고 바라본다는 점이 저와 닮아있던 것 같아요.

Q. 다시 촬영 날로 돌아간다면 어떤 날로, 어떤 장면으로 돌아가고 싶나요?
A. 완전 처음으로 돌아가고 싶어요. 사실 제겐 촬영이 조금 급하게 진행이 됐거든요. 대학로에서 공연을 하고 있었고 공연이 마무리 단계에 있어서 조금 바빴었는데 공연하면서 피의 향기 준비하느라 정신이 없었어요. 마지막 공연을 하고 바로 촬영이 진행돼서 조금 준비시간이 많이 없었던 것이 아쉬워요. "시간이 있었다면 더 좋은 연기를 했을 텐데"라는 아쉬움이 있어요.

Q. '130체인지' 전작에 이어 김도연 배우와의 연속된 재호흡은 어땠나요?
A. 좋았어요. 한번 같이 호흡을 맞춰봐서 그런지 서로의 스타일을 잘 파악할 수 있었고 그만큼 더 티키타카도 잘 되었고 진지하게 연기에 더 집중할 수 있었던 것 같아요.

Q. 악역이었던 박지훈 배우와의 호흡은 어땠나요?
A. 처음이라고 생각 안 할 정도로 편하게 연기했고 서로 더 의지도 많이 하고 연기적인 부분에서 배울 점이 많다고 생각했어요. 앞으로 또 같이 연기하는 날이 왔으면 좋겠네요.

Q. 작품에서 다루는 '생과 죽음, 환생' 이런 추상적인 개념에 대해 생각해 본 적 있나요?
A. 네 많이 하는 편이에요. '삶과 죽음' 인간으로서 누릴 수 있는 권리이자 의무라고 생각하는데요. 언젠가는 죽음을 맞이하겠지만 그 죽음이 왔을 때 정말 후회 없는 삶이었다고 편안하게 눈 감는 것이 저의 목표이기에 지금 더욱더 꿈을 위해 살아갈 수 있는 원동력이 되는 것 같아요. 지금의 기억을 가지고 환생할 수 있다면 좋았던 기억만으로 다시 한번 정한성의 삶을 살아보고 싶기도 하지만 또 한편으로는 지금까지 희로애락을 겪으며 더 단단히 성장해온 것 같아서 환생하게 된다면 정한성의 삶도 좋지만 다른 삶의 경험도 해보고 싶다는 그런 생각도 하는 것 같아요.

Q. 만약 인간이 아닌 비현실적인 존재가 가능하다면 어떤 존재가 되고 싶은가요?
A. 태양이 되고 싶어요. 태양이 떠오르면 어두웠던 세상에 빛을 밝혀주고 새로운 하루가 시작되잖아요. 따뜻한 태양이 되어 없어선 안 되는 세상을 빛나게 밝혀주는 그런 존재가 되고 싶어요.

Q. '피의 향기'가 본인의 커리어에서 어떻게 기억될까요?
A. 더 좋은 작품을 향해가는 좋은 밑거름이 될 것 같아요. 더 나아가서 정말 나중에 유명해져서 이 작품이 회자가 된다면 열심히 살아왔다는 증거이자 발자취가 되었으면 해요.

Q. '홍태민'과 '최은서' 두 캐릭터에게 정한성이 전하고 싶은 말은 무엇인가요?
A. 태민아 너를 정말로 떠나보내야 하는 시간이 왔구나. 내 삶에 홍태민이 와서 너무 행복했고 이제는 내 삶에 너는 없지만 가슴 속 깊이 너를 추억할게. 그리고 어딘가 다른 세계에서 살아가고 있을 너의 멋진 삶을 응원할게. 먼 훗날 우리가 다시 만나는 그날이 왔을 때 서로 웃으며 만났으면 좋겠다. 행복하게 잘 살아라. 그리고 은서야. 태민이로서 너를 정말 많이 사랑했고 내게 선물처럼 와줘서 빛나는 삶이 되었어. 너와 함께할 수 있어서 행복했고 고마웠어. 태민이와 함께 행복한 삶을 살길 바랄게. 안녕

Q. 작품을 마무리하며 '김도연, 박지훈' 두 사람에게 전하고 싶은 말은 무엇인가요?
A. 정말 촬영하면서 너무 고생 많았고 덕분에 배운 것도 많고 앞으로도 각자의 활동 그리고 꿈을 응원해.

Q. 평소 전하지 못했던 말을 전할 수 있는 기회가 생긴다면 지금 이 순간 누구에게 어떤 말을 하고 싶나요?
A. 처음 연기를 시작하겠다고 다짐했던 그 순간의 제 자신에게 하고 싶어요. "모두가 안 된다고 비난과 야유를 보낼 때 혼자서 그 모든 것들을 감수하고 묵묵히 꿈을 향해 살아주어서 너무 고마워. 어렵고 힘든 길이란 걸 알면서도 누구도 너를 응원해주지 않는 상황 속에서도 너의 꿈이 강했기 때문에 꿈을 위해 땀을 흘려주어서 지금의 내가 있는 것 같아. 때론 그때의 나에게 더 강하게 몰아붙이고 채찍질하며 연기를 통해 타인을 사랑하는 법을 배웠지만 정작 나를 더 아끼고 사랑해주지 못한 것 같아. 너무 미안하고 고마워. 그때의 너의 노력들이 더 빛날 수 있게 지금의 내가 더 열심히 해서 내일의 나에게 꿈의 자리를 선물할게."

- 배우 정한성 -

Q. 플러스엑스 잡지 촬영 중 가장 기억에 남는 촬영 날은 언제였나요?
A. '피의 향기' 배우들과 함께한 촬영이 기억에 남는데요. 촬영 끝나고 오랜만에 봐서 반가운 날이기도 했고 모두 고생하면서 촬영해서 촬영본도 좋게 나온 것 같아서 기억에 남네요. 잡지 촬영 끝나고 피의 향기 배우들끼리 밥 먹으면서 촬영에 대해 이야기를 나눈 그 시간이 따뜻한 추억으로 기억되어서 그때가 가장 기억에 남는 것 같아요.

Q. 배우라는 꿈은 언제부터 꾸게 되었는지와 어떤 계기가 있었는지 궁금해요?
A. 어릴 때부터 되고 싶은 꿈이 많았어요. 대통령, 검사, 판사, 경찰, 야구선수 등 꿈이 많았는데요. 그러던 중 초등학교 5학년 학교 축제 때 '성냥팔이 소녀'라는 작품으로 연극을 하자고 친구들을 모아서 연극 준비를 했어요. 그때 당시에는 연기가 뭔지도 몰랐는데 말이죠. 동선과 조명 그리고 연기 지도까지 하고 있었더라고요. 아무것도 몰랐는데 아마 그때부터 제 안에는 배우라는 꿈이 생긴 것 같아요. 그치만 연기라는 것을 몰랐기 때문에 평범하게 살다가 고등학교 올라와서 연극동아리에 들어가고 연극제도 나가서 연기를 하다보니 "이 길이 나의 길이구나"를 느끼게 되었어요. 그리고 생각해보니 어릴 적 대통령, 판사, 검사 등등 이런 꿈들이 생기기 시작했던 건 어떠한 드라마를 보고 그 드라마의 속 배우가 연기하는 배역에 빠져 꿈을 꾸기 시작했던 것인데요. 어쩌면 저의 꿈은 대통령, 판사 뭐 이런 것이 아니라 그 꿈을 연기하는 배우가 저의 꿈이었던 것 같아요. 배우라는 것을 더 일찍 몰랐던 것뿐이지 제 안에서는 배우라는 꿈을 계속 갖고 살아왔던 것 같아요. 확실하게 깨닫고 대학교 연극영화과 입시부터 시작해서 본격적으로 배우를 시작한 것 같아요.

Q. 배우가 아닌 다른 직업에 도전해본다면 어떤 직업을 갖고 싶나요?
A. 말하는 것을 좋아하고 누군가에게 힘이 되는 사람이 되는 것이 목표라서 아마 동기부여 강사를 하지 않았을까 싶어요.

Q. 지금까지 연기를 하며 가장 힘들었던 순간은 언제인가요?
A. 아무래도 기회라는 것이 많이 없고 정말 0에서 시작했기 때문에 연기를 어떻게 해야 하는지도 모르고 오디션 정보도 모르고 오디션을 봐도 많이 떨어지고 연기를 많이 하고 싶은 저에게는 그런 점들이 힘든 것 같아요.

Q. 대중들에게 본인이 어떻게 기억되고 싶은가요?
A. '연기를 통해 웃음과 재미 감동과 위로를 전하는 연기자' 그리고 누군가의 롤모델로 기억되고 싶어요.

Q. 평소 어떤 노래를 많이 듣나요?
A. 김세정 가수님 팬이라 김세정 가수님의 노래를 자주 들어요. 김세정 가수님의 노래를 들으면 가사의 메시지가 아름답고 힘을 낼 수 있는 것 같아요. 그중에서도 '터널'이라는 노래가 최애 곡인데요. "끝이 보이질 않아 길고 허전한 길, 그 길을 걷는 동안 내가 곁에 있을게"라는 가사가 있는데 꿈을 향해 달려가는 제 삶을 알아봐주고 위로 해주는 느낌을 받았고 특히나 "곁에 있어 줄게"라는 부분이 모두가 안 된다고 비난하고 저 혼자만 저를 응원하고 달려가는 제 상황이 떠올라서 '그럼에도 불구하고 난 혼자가 아니다', '나를 봐주는 사람들이 있다'며 많은 위로와 용기를 받았던 것 같아요. 저도 김세정 가수님처럼 울림을 줄 수 있는 그런 예술가가 되고 싶네요.

Q. 하루 동안 다른 사람의 삶을 체험할 수 있다면, 누구의 삶을 살고 싶으세요?
A. 아버지의 삶을 살아보고 싶어요. 저를 키우시기 위해 아버지의 꿈을 포기하고 오로지 저를 위해 아버지라는 이름으로 수십 년을 살아오셨는데 그것도 모자라서 지금은 제 꿈을 뒤에서 묵묵히 뒷바라지 해주고 계세요. 그런 아버지의 삶을 단 하루만이라도 살게 된다면 저 때문에 포기하신 꿈을 대신 이루어 드리고 싶고 아버지의 삶이 아닌 진짜 이름으로 된 아버지의 삶을 찾아드리고 싶어요.

Q. 당신의 가치관이 '타임캡슐'에 담겨 후세에 전달된다면, 어떤 메시지를 담고 싶으세요?
A. 꿈을 향해 도전하세요. 도전만이 여러분이 살아가는 이유이고 행복이에요.

Q. 어떠한 감정을 솔직하게 표현하는 게 어렵다면, 그 이유는 무엇일까요?
A. 아마도 솔직한 감정표현이 오히려 약점이 될 수도 있고 독이 될 수도 있어서 그런 것 같아요. 점점 성장한다는 것은 마냥 어린아이처럼 나의 욕구와 내 감정이 우선시 될 수 없고 상황과 맥락에 맞는 행동과 이성적인 판단을 해야 하기에 그런 것 같아요. 저도 솔직한 제 감정은 저만 알고 있고 사람들에게 잘 이야기 안 하는 거 같아요. 눈치라고 해야 하나 의식을 많이 하는 것 같아요.

Q. 애정 표현에 있어 가장 좋아하는 방식이 있다면 무엇인가요?
A. '잘하고 있어' 말 한마디에서 힘을 얻는 것 같아서 따뜻한 말 한마디가 좋아요.

Q. 이상형이 뭐예요?
A. 아직 모르겠어요. 점점 알아가보려고 해요.

Q. 본인만의 플러팅 방법이 있다면요?
A. 딱히 없는 거 같고 잘 모르겠어요.

Q. 자신의 정체성은 한 단어로 표현해 주세요?
A. '정한성' 제 이름이 곧 저의 정체성이자 제 삶이에요.

Q. 2025년의 목표를 알려주세요?
A. 상업작품을 많이 하면서 대중들에게 정한성이란 배우를 더 알리고 좋은 작품과 좋은 연기를 많이 하는 게 목표에요. 앞으로 '정한성' 많이 응원해주시고 관심 가져주시면 웃음과 감동, 재미와 위로를 드리는 배우로 성장하여 좋은 연기로 보답할게요.

- 배우 정한성 -

Q. 피의 향기'를 통해 전달하고자 했던 가장 중요한 메시지는 무엇인가요?
A. 주변에 어떤 방해와 장애물이 생겨도 서로의 사랑이 무너지지만 않는다면, 시대를 넘어 뱀파이어와 인간이라는 존재 차이를 넘어서도 사랑이 굳건할 수 있다는 메시지를 전하고 싶었어요.

Q. 연기하면서 가장 재미있었던 장면이나 순간은 무엇인가요?
A. 오히려 대본 속에 대사가 없었던 몽타주 씬들을 촬영할 때 애드리브로 진행됐던 부분들이 재밌었어요. 짧은 장면이지만 즉흥적으로 나온 호흡이 너무 재밌었어요. 특히 태민이랑 거실 소파에서 지금 TV에 나오는 드라마 남주한테 질투하는 거냐고 티격태격했던 씬이 너무 웃겼어요.

Q. '피의 향기'에서 1인 2역을 맡으셨는데, 캐릭터를 구별하기 위해 어떤 방법을 사용하셨나요?
A. 시청자분들이 느끼셨을지는 모르겠지만 1인 2역에서 차별점을 두기 위해 목소리 톤 차이를 다르게 잡았어요. '최은서'는 굵게 '최은수'는 얇고 여린 목소리로요. 실제로 가족들이 보고 '최은수'의 여린 목소리 톤이 더욱 영혼 같고 귀신 같고 마치 곧 사라질 것 같다고 하더라고요. 거기까지 생각하고 의도한 건 아니었는데 얻어걸린 셈이죠. (웃음)

Q. 피의 향기 작품 속 내용들이 실제 상황이라면 '김도연'은 어떻게 대처했을까요?
A. 어후.. 결국 은서의 입장에선 맨 처음에 일면식도 없는 처음 보는 존재한테 납치된 거잖아요? 알고보니 납치한 상대가 뱀파이어고요. 그게 실제 상황에서 저였다면.. 진짜 소름 돋게 무섭지 않을까요? 태민이가 아무리 잘생겼어도 도망칠 생각만 할 것 같은데요. 아니면 태민이랑 협상해서 인간세계랑 파이어월드랑 왔다 갔다 할 수 있게 만들 것 같아요.

Q. '김도연'이라면 홍태민 vs 박주찬?
A. 태민이죠. 나를 죽이려는 주찬이 보다는 지켜주려는 태민이에게 사랑에 빠지지 않을까요? 실제로도 태민이라는 캐릭터 성격 자체가 약간의 제 이상형 스타일을 첨부했기에 적극적으로 감정 표현 잘하는 태민이라서 좋아했을 것 같아요. 피를 마시는 건 탐탁지 않지만요. (웃음)

Q. 실제 성격은 최은서 or 최은수 중 누구와 더 싱크로율이 높나요?
A. 일상적인 모습에서나, 사랑에 대한 생각에서나 최은서와의 싱크로율이 더 높네요. 한.. 70%?

Q. 현장에서 가장 힘들었던 순간이 언제였나요?
A. 아.. 숲속 로케이션인 장면들을 촬영할 때가 저 뿐만이 아닌 모든 분들이 다 힘들었을 거에요. 잡소음과 여름이여서 꼬이는 다양한 벌레들에 의해 고생고생했던 기억이 나네요. 촬영이 다 끝나고 확인해보니 다리에 풀독이 올라서 상처가 오래갔던 것도 생각나네요.

Q. 가장 기억에 남는 장면이나 명대사는 뭐에요?
A. 숲에서 은수가 죽어서 태민이가 끌어안고 우는 씬이 있는데 저는 죽었으니까 눈 감고 있으면 되는 건데 진짜로 그때 당시에 피곤했는지 순간적으로 잠들어버렸던 게 기억나네요. (웃음) 흙바닥에 벌레들이 기어다니는데도 그냥 누워서 잠들어버렸어요. 아주 잘 잤죠. 그리고 명대사는 제가 했던 대사는 아닌데 태민이의 "인간 아이? 향기 한번 죽이네"라는 대사가 피의 향기라는 작품의 명대사라고 생각해요.

Q. 피의 향기가 OTT로 진출했을 때 기분이 어땠나요?
A. 사실 정말 간절한 마음으로 "제발 OTT에 진출했으면 좋겠다"라는 생각을 너무 많이 했어요. 아직도 꿈만 같고 너무 감사한 일이죠. 속마음으로는 티빙, 웨이브, 왓챠 중에 하나라도 진출 됐으면 하는 마음이었는데 진짜 너무 감사하게도 국내 최대 OTT 3사 모두 진출하게 되어 영광이에요. 피의 향기를 좋은 작품으로 좋은 시선으로 봐주신 관계자분들께 너무 감사해요.

Q. 정한성 배우와의 연속 호흡은 어땠나요?
A. '130체인지'에 이어 이번 작품에서는 주연으로서 긴 호흡을 맞출 수 있어서 좋았고, 확실히 연속 호흡이어서 더 잘 맞는 좋은 호흡을 보여줄 수 있었어요. 촬영이 후반부쯤 달려갈 때는 굳이 뭘 더 말하지 않아도 서로 알아서 눈치채고 행동하는 타입이었어요. 그러니 좋은 호흡일 수밖에 없죠. 나중에는 제가 컷에 많이 신경 쓰지 않아도 스스로 알아서 잘 챙겨가고 또 도와주더라구요. 힘들지 않아서 너무 좋았죠. 점점 태민이화가 되어가서 더욱 애틋했어요.

Q. 박지훈 배우와의 호흡은 어땠나요?
A. 이번 작품으로 첫 호흡이여서 어떻게 보면 현장에서 어색할 수도 있었는데 어색함이 없도록 분위기를 잘 만들어 준 호흡이었어요. 대립각을 세우는 호흡도 이질감 없게 주찬이를 살려줘서 더욱 좋았구요. 은서의 입장에서 정말 얄미울 정도로 악역의 연기를 잘해줘서 많이 미워했어요. 그만큼 좋은 호흡이었다고 생각해요.

Q. 작품 속 각각의 캐릭터에게 마지막으로 전하고 싶은 한마디는 뭐에요?
A. "홍태민! 너를 정말 많이 사랑했어", "박주찬! 태민이랑 은서를 괴롭히지 마"

Q. 작품을 마무리하며 '정한성, 박지훈' 두 사람에게 각각 전하고 싶은 말은요?
A. "한성아 너가 홍태민이여서 행복했어. 이젠 너가 아닌 홍태민이 상상이 안 돼. 태민이로 곁에 있어줘서 고마웠어!, 지훈 오빠! 박주찬을 잘 소화해줘서 고마웠어. 은서가 많이 미워한 거니까 날 미워하진 말구 (웃음), 둘다 좋은 작품으로 함께 해줘서 고마웠구 미래엔 더 성장한 모습으로 어딘가에서 또 다시 만나는 날이 있길 바래"

- 배우 김도연 -

Q. '피의 향기' 작품에 본인이 캐스팅 된 이유가 무엇이라고 생각하나요?
A. 가장 큰 이유는 이미지라고 생각해요. 제가 생각하기에도 제 얼굴, 목소리 등등 이마에 그냥 '박주찬' 이라고 쓰여 있거든요. 대본을 처음 읽었을 때도 "주찬이라는 인물이 나랑 이미지가 정말 비슷하구나"라는 생각이 들어서 깜짝 놀랐어요. (웃음)

Q. 처음 대본을 받았을 때 '박주찬' 캐릭터의 매력은 무엇이었나요?
A. 굉장히 입체적이고, 하는 행동들이 단순하지 않다는 거? 매 순간순간 하는 행동과 말들이 주찬만의 생각과 사연을 통해 이루어지는 거 같아서, 그 디테일을 제 나름대로 고민하고 연기하는 게 굉장히 재미있었어요.

Q. 공식적인 드라마 첫 데뷔작이었는데 소감은 어떤가요?
A. 웹드라마는 처음 촬영이라 걱정했는데, 단편영화 촬영할 때와 별로 다르지 않아서 편안한 마음으로 촬영에 재밌게 임했던 것 같아요.

Q. 촬영 현장 분위기는 어땠나요?
A. 동료 배우들이 비슷한 나이대여서 서로 장난도 치고 밝은 분위기에서 진행됐고, 한국인은 밥심이라 생각하는데 무슨 일이 있어도 밥때는 잘 맞춰서 식사해서 정말 행복했어요!!

Q. 악역을 준비하기 위해 무엇을 노력했나요?
A. 음.. 전 사실 주찬이가 악역이라 생각하지 않아요. 태민과 은서 시점에선 나쁜 인물로 비추어질 수 있지만, 은서도 인간 세계로 돌려다 줬었고, 주찬 나름대로의 신념과 사연이 있었을 거라고 여겨지거든요. 전 대본 속에서 주찬의 행동들의 이유와 정당성을 찾아내기 위해 노력했던 거 같아요.

Q. 촬영할 때 깊이감 있게 느껴질 만큼 몰두한 순간이 있었나요?
A. 매 순간 집중하지만 '은수, 은서'를 죽이는 장면에서 가장 집중했던 거 같아요. 그냥 단순하게 인간을 마구잡이로 죽이는 싸이코 살인마가 아닌, 주찬 나름대로의 사연과 생각을 가지고, 죽일 수밖에 없는 그런 입체적인 부분을 표현하고 싶어 가장 집중해서 찍은 장면이라고 생각해요.

Q. 이번 작품에서 캐릭터가 강했던 만큼 부담이 있지는 않았나요?
A. 전혀요! 오히려 "언제 또 뱀파이어 역할을 해보겠어"라는 생각으로 즐겁게 작품에 임했던 것 같아요.

Q. 이번 작품을 촬영하며 가장 힘들었던 씬은 무엇인가요?
A. 숲 장면들이 가장 힘들었죠. 야외 로케이션인 것도 있는데 주변에 까마귀, 개, 비행기 등 소음 문제도 있었고 모기와 각종 벌레가 많아서 진행하는데 조금 어려움이 있었던 것 같아요. 그래도 지나고 보면 다 추억이죠!

Q. 촬영 현장에서 가장 기억에 남는 비하인드는 무엇인가요?
A. 현장 비하인드라기보단 현장 뒷이야기이긴 한데 숲속 씬을 촬영할 때 1박 2일로 촬영을 해서 숙소를 잡았었는데, 한성 배우랑 2인 1실을 썼었거든요. 밤에 자기 전에 서로 많은 이야기들을 나누면서 굉장히 가까워졌는데 그때 추억이 아직도 떠오르네요. (웃음)

Q. '박주찬' 캐릭터의 기억에 남는 명대사는 뭐예요?
A. "인간이 신부가 되면 결말은 항상 똑같아. 결국 피해 보는 건 인간이지"에요. 이 대사를 어떤 목적성을 가지고 표현할 것이냐에 대해 많은 고민을 했던 것 같아요. 개인적인 해석으로는 '과거 태민의 실수로 인해 주찬의 신부가 죽게 되었다'라는 과거사를 생각하면서 연기했거든요. 주찬이의 행동과 대사에 정당성을 부여하기 위해 많은 고민을 하게 해준 저에겐 선물 같은 대사라고 생각해요.

Q. '박주찬'이라는 캐릭터에게 공감이 갔던 부분이 있다면요?
A. 이건 저의 개인적인 해석인데, 주찬은 과거 태민과 굉장히 가까운 사이였다고 생각해요. 그런데 과거 태민의 실수로 의도치 않게 큰 잘못을 해서 주찬의 신부가 죽었다고 생각하거든요. 이 실수로 인해 주찬과 사이가 멀어졌다고 생각하고요. 그래서 태민에게 증오도 갖고 있지만 애정도 가지고 있는 이런 애증의 관계가 더더욱 실제로 있는 인물인 것 같아 많은 공감이 갔어요.

Q. 캐릭터와 실제 본인의 싱크로율은 몇 퍼센트라고 생각하는지와 이유는요?
A. 이건 100퍼센트죠. 자만 같은 게 아니라 '피의 향기' 대본에 있는 주찬에게 과거와 디테일을 불어넣고 어떻게 생각할지 연구하고 표현한 건 저거든요. 결국 '박지훈이 표현하는 박주찬'은 제가 유일하기 때문에 잘하고 못하고를 떠나서 싱크로율로는 100퍼센트라고 생각해요.

Q. 다시 촬영 날로 돌아간다면 어떤 날로, 어떤 장면으로 돌아가고 싶나요?
A. 굳이 꼽자면 첫 촬영 첫 장면으로 돌아가고 싶죠. "조금만 더 잘할 수 있었는데"라는 아쉬움은 항상 있으니까요. 하지만 다시 찍는다 해도 100% 완벽한 연기란 없기에 아쉬움은 또다시 남을 것 같아서 현재로 만족할래요. (웃음)

Q. 촬영 중 가장 보람을 느낀 순간은 언제였나요?
A. 아무래도 마지막 촬영을 다 마친 순간? 촬영하는 기간에는 주찬이라는 인물을 어떻게 구상하고 표현할지에 집중하느라 정신이 없었고, 마지막 촬영이 딱 끝난 순간 "한 작품과 한 인물을 또 이렇게 보내는구나"라는 마음에 시원섭섭하면서 뿌듯한 보람을 느꼈던 거 같아요.

- 배우 박지훈 -

Q. 김도연 배우와의 호흡은 어땠나요?
A. 생각보다 더 잘 맞아서 놀랐어요. '피의 향기' 제 첫 촬영 장면이 도연 배우랑 둘이 찍는 장면이었는데, 저를 많이 배려해주고 저한테 맞춰주어서 더욱 편안한 연기가 나왔고 이후 장면도 좋은 호흡으로 잘 연기했던 것 같아요.

Q. 정한성 배우와의 호흡은 어땠나요?
A. 서로 대립하는 장면도 많고, 몸으로 부딪히는 장면도 많다 보니 촬영장에서도 서로 같이 고민하고 합을 맞췄거든요. 또래 남자끼리 심도 있는 이야기를 많이 나누니까 금방 친해졌고 이게 좋은 호흡으로 이어진 것 같아요.

Q. '박주찬'에게 박지훈이 전하고 싶은 말은 뭐예요?
A. "뭘 하든 하고 싶은 데로 즐기면서 행복하게 살아"

Q. 작품을 마무리하며 '김도연, 정한성' 두 사람에게 각각 전하고 싶은 말은요?
A. "함께 촬영하는 동안 너무 재미있었고 또 다른 작품에서 같이 호흡 맞춰보고 싶어!"

Q. 배우라는 직업이 인간 박지훈에게는 어떤 의미를 지니는지 궁금해요?
A. 추후 생계를 위해 다른 일을 하게 되더라도 병행을 해서라도 평생 함께하고 싶은 직업이죠.

Q. 촬영 후에 자신만의 힐링 방법이 있다면 무엇인가요?
A. 제가 먹는 걸 정말 좋아해서, 맛집을 돌아다니는 게 저만의 힐링 방법이에요! (웃음)

Q. 앞으로의 계획이나 꼭 해보고 싶은 배역이 있다면 어떤 것이 있나요?
A. 대학교 캠퍼스물을 꼭 다뤄보고 싶어요. 실제로 제가 대학생 나이대이기도 하고, 현실과 이상은 다르지만 그래도 아름다운 이상 속 캠퍼스물을 촬영해 보고 싶어요.

Q. 오디션을 볼 때 가장 중점적으로 신경 쓰는 부분은 무엇인가요?
A. 작품 속 인물을 제 다름대로 어떻게 해석하고 어떻게 표현하는지를 보여주려고 신경 쓰는 거 같아요.

Q. 롤모델은 어떤 사람이에요?
A. 존경하는 많은 분이 있지만 굳이 한 분 뽑자면 조승우 배우님! 저도 조승우 배우님처럼 연극, 뮤지컬 같은 무대예술, 영화, 드라마 같은 매체예술에서 어떠한 장르에 국한되지 않고 다양한 방식으로 제 생각을 표현하는 배우가 되고 싶어요.

Q. 배우라는 꿈은 처음 언제부터 꾸게 되었는지와 계기가 있었는지 궁금해요?
A. 저는 원래 영화감독이나 드라마 작가를 꿈꿨어요. 고등학교도 그와 관련된 학교, 학과로 진학했었고요. 근데 연출법을 배우고 촬영하다 보니까 배우라는 직업이 더 매력적으로 느껴지더라고요. 그래서 고등학교 2학년 여름부터 연기에 대해 공부하기 시작했던 것 같아요.

Q. 배우가 아닌 다른 직업에 도전해본다면 어떤 직업을 갖고 싶나요?
A. 기장이요. 비행기를 몰고 해외를 다니는 기장분들 너무 멋있는 거 같아요.

Q. 언젠가 갖길 바라는 수식어는 무엇인가요?
A. '지훈이 형'이요. 왜, 흔히 인터넷에서 '흥민이 형', '희찬이 형' 하잖아요. 전 친분이 없는 관객분들이 형이라는 수식어를 붙이는 사람은, 그만큼 인지도와 친밀감이 있으면서도 존경심이 있어서 그런 거라고 생각하거든요. 그런 '형' 같은 배우가 되고 싶어요.

Q. 평소 어떤 노래를 많이 듣나요?
A. 발라드, 팝, 뮤지컬 노래? 다양하게 듣는 거 같아요.

Q. 자신만의 스트레스 해소 방법은 무엇인가요?
A. 시원한 생맥주 한잔 or 차가운 아이스크림 한입

Q. 인생에서 가장 행복했던 순간은 언제였나요?
A. 군 생활하던 시절 첫 휴가 나왔을 때. 그때보다 모든 사소한 순간에 감사했던 적은 없었던 거 같아요. 특히 첫 휴가 나와서 부모님과 같이 식사할 땐 진짜 너무너무 행복했어요!.

Q. 자신의 행복한 인생을 위한 '비법'이 있다면, 그 비법은 무엇인가요?
A. 자신을 사랑하는 게 가장 중요한 거 같아요. 자존감이 높아야 타인도 사랑할 수 있고, 자신을 사랑 해주는 사람들도 잘 인지할 수 있게 되거든요. 사랑이 가득한 세상을 살아가는 게 인생을 행복하게 살아갈 수 있는 거 같아요.

Q. 당신에게 어울리는 가상의 나라를 만든다면, 그 나라는 어떤 모습일까요?
A. 음.. 너무 깊게 들어가지 않고 그냥 가볍게 이야기하자면 저는 먹는 걸 좋아하니까 맛집이 많고, 전 국민이 음식에 진심인 나라..? (웃음)

- 배우 박지훈 -

Q. 상상 속의 '시간의 문'을 통해 어떤 역사적 순간을 목격하고 싶으세요?
A. 2002년 월드컵 당시 제가 2살이었기 때문에 그때로 돌아가서 그 뜨거운 월드컵의 열기를 느껴보고 싶어요.

Q. 여행을 간다면 가장 가고 싶은 곳은요?
A. 현재로서는 이탈리아요! 가보고 싶은 장소들과 맛집이 굉장히 많아요.

Q. 만약 상상 속의 동물이 당신의 집에서 함께 살게 된다면, 어떤 동물이 좋을까요?
A. 황금알 낳는 거위요! 자 이제 어서 거위를 주시죠.

Q. 이상형이 뭐예요?
A. 웃음이 예쁜 사람이 좋아요! 제가 항상 누군가한테 반할 때를 돌이켜보면 웃는 모습을 보고 그 모습이 예뻐서 반했었던 거 같거든요. (웃음)

Q. 본인만의 플러팅 방법이 있다면요?
A. 눈에 자주 띄어야 우선 관심이 생긴다고 생각하기 때문에 좋아하는 사람이 생기면 그 사람 눈에 자주 띄려고 할 거 같아요.

Q. 자신의 정체성은 한 단어로 표현해 주세요?
A. 자존감! 저는 자존감이 굉장히 높은 편이에요. 그게 묻어나와서 주변을 사랑하고, 사랑받는 것에도 익숙한 편이고요! 저도, 제 주변 사람들도 전부 행복했으면 좋겠어요!

Q. 평소 전하지 못했던 말을 전할 수 있는 기회가 생긴다면 지금 이 순간 누구에게 어떤 말을 하고 싶나요?
A. 이 글을 읽고 계실 어머니, 아버지 부끄러워서 자주 말은 못 하지만 항상 속으로 생각하는 말이에요. 사랑해요.

Q. 2025년의 목표를 알려주세요?
A. "어제보다 나은 내가 되자" 이걸 매일매일 실천할 생각이에요. 단기적으론 작을지 몰라도 멀리 보았을 땐 큰 차이가 있다고 생각해서요.

- 배우 박지훈 -

Q. ‘피의 향기’에서 탐나는 캐릭터가 있었나요?
A. 박주찬 캐릭터가 탐났어요. 저는 평소 악역에 욕심을 가지고 있었어가지고 “내가 맡았다면 어땠을까?”라는 생각을 한 번 해봤었죠.

Q. 뱀파이어라는 판타지 장르물이 어떻게 다가왔나요?
A. 반가웠어요. 옛날에 영화 트와일라잇을 재밌게 봤었던 사람으로서 한국물 트와일라잇이 탄생한 게 아닌가 싶었죠. 신선했어요.

Q. 현장에서 짧은 시간이었지만 기억에 남는 게 있나요?
A. 우선 현장 분위기가 너무 편했어요. 김도연 배우랑은 이전에도 다른 작품에서도 호흡을 몇 번 맞춰본 적이 있어서 그런지 죽이 척척 맞아서 좋았어요.

Q. ‘권비서’는 어떤 캐릭터였나요?
A. 비중 있는 캐릭터는 아니지만 임팩트 있는 캐릭터였어요. 태민에게 큰 도움을 받은 이후로부터 앞으로의 인생을 태민의 비서로서 살아가는 역할이었죠. 분량이 조금 더 많았다면 좋았을 텐데 아쉽기도 해요!

Q. 자신이 연기하는 캐릭터의 사생활을 엿볼 수 있는 기회가 있다면, 어떤 부분이 가장 궁금한가요?
A. 피의 향기 ‘권비서’ 캐릭터의 사생활을 엿볼 수 있는 기회가 있다면 정말 태민을 위해 간이고 쓸개고 다 떼어줄 수 있는지 궁금해요. (웃음)

Q. 배우의 시선에서 바라보는 제작자 김도연은 어떤가요?
A. 우선 김도연 배우의 연기는 말할 것도 없이 훌륭하죠! 그렇지만 이렇게 연출까지 능수능란하게 잘할 줄은 몰랐어요. 더군다나 어린 나이에.. 저보다 9살은 어리지만 가끔 보면 놀라요. 열정은 기본이고 배우로서 본받을 점도 많고 배울 점도 많아서 곁에 두면 동기부여가 되는 친구예요.

Q. 앞으로 도전을 해보고 싶은 역할은 무엇인가요?
A. 저에게 아주 찰떡이고 깔맞춤인 ‘악역’을 맛깔나게 소화해 보고 싶어요. 저의 이미지에 맞는 악역이 있으시다면 언제든지 연락을 주시면 감사할 것 같아요.

Q. 좋은 기회가 온다면 가장 하고 싶은 작품의 장르는 무엇인가요?
A. 지금의 저한테는 어떤 역할이 들어와도 마다하지 않고 다하고 싶어요. 그렇지만 꼭 하나를 뽑자면 ‘아저씨의 원빈 배우님 같은 차태식 역’ 남자는 뭐니뭐니해도 느와르 필모 하나쯤은 있는 게 로망이잖아요! 이외의 액션, 멜로, 코믹, 스릴러 등등 가리지 않고 다 소화할 수 있는 배우가 되는 게 저의 목표에요.

Q. 지금까지 촬영장을 다니면서 기억에 남는 순간이나 역할이 있었나요?
A. 연기를 시작하고 가장 처음 출연료를 받고 학생 단편영화를 찍었었던 때가 생각이 많이 나요. 현장 경험이라고는 고작 연기학원에서 수강생들끼리 짧게 찍었었던 게 전부였을 때라
오디션 사이트에서 작품 지원을 하고 처음 섭외를 받고 첫 현장에서 첫 숏을 들어갔을 때의 그 부담감이란 아직도 기억이 생생해요! 로봇 같은 저의 말투, 행동, 제스처, 시선 처리 등등 전부 마음에 들지 않았어요. 저의 연기력은 둘째치고, 그 당시 상대 배우님, 연출님, 이외에 모든 스텝분들한테 실망감을 안겨드려 미안한 마음에 주눅까지 들었지만, 오히려 저를 다독여 주고 용기를 북돋아 주는 사람들의 모습에 저도 최선을 다해서 겨우겨우 찍었었던 게 생각나네요. “정말 배우는 아무나 하는 게 아니구나”부터 시작해서 “다음번에 할 때는 이런 아마추어 같은 모습 보이지 않고 프로페셔널한 모습을 보여줘야겠다”등등 수차례 자아성찰 하는 시간을 많이 가졌었죠.

Q. 어렸을 적 장래 희망은 무엇이었나요?
A. 초등학생 5학년 때부터 고등학생 때까지 꿈이 가수였어요. 그렇지만 결론부터 말하자면 말 그대로 꿈만 꿨었고, 노력한 건 전혀 없었어요. 그냥 단지 노래 듣고 부르는 걸 좋아해서 친구들끼리 노래방을 많이 다녔었고, 주변 분들의 응원에 나름 보컬학원도 다니고, 댄스학원도 다니고, 학교 동아리에 꼭 하나씩 필수로 들어야 했을 때도 일부러 댄스부에 들어갔었고, 나름 학교에서 축제 때 노래도 부르고 춤도 추고, 대외적으로도 소속사 오디션을 보러 다니고, 예고 입시, 예대 실음과 입시도 지원했었는데 정말 발만 담궜다가 나온 수준이었었죠. 지금 마인드로 그때로 다시 돌아갈 수 있다면 악착같이 했겠죠. (웃음)

Q. 학창 시절 ‘권상우’는 어떤 사람이었나요?
A. 저의 학창 시절 때 ‘자아’는 초등학교 이전과 이후로 나눠지는 것 같아요. 초등학생 때는 어디로 튈지 모르는 활발한 장난꾸러기, 개구쟁이였더라면 중학생 때부터는 방구석 키보드 워리어? 사춘기가 잘못 온 건지 말이라는 걸 안 하고 살 정도로 말수가 적었어요. 그런데 그 당시 버디버디, 싸이월드 하던 시절 때에는 거기에서만큼은 관종인가 싶을 정도로 활발하게 활동하고 말도 많이 하고 그러다가 학교만 가면 또 묵언수행을 했죠. 지금 생각해보면 왜 그렇게 행동했는지 지금의 저도 그때의 저를 이해 못 할 정도였죠. 한마디로 답을 내리자면 ‘자유로운 영혼? 조용한 관종?’ 이 정도가 어울리겠네요.

Q. 배우가 아닌 다른 직업을 갖는다면 무엇이길 바라나요?
A. ‘요리사’ 남자가 요리 잘하면 섹시해보이고 매력 있어보이더라구요. 아 물론 저는 요리를 못 하지만요.

Q. 자신이 가장 좋아하는 영화 속 캐릭터와 실제로 친구가 된다면 어떤 대화를 나누고 싶나요?
A. 영화 ‘봄날은 간다’ 상우에게 왜 그렇게까지 은수를 사랑했었는지 물어보고 싶어요. 저도 비슷한 사랑을 해본 적이 있었기 때문에 상우와 많은 대화를 나눠보고 싶네요.

- 배우 권상우 -

Q. 내면의 평화를 찾기 위해 실천하는 습관이나 활동이 있다면 무엇인가요?
A. 명상을 해요. 평소 집에 혼자 있을 때 잔잔한 클래식 음악을 틀어놓고 두 눈을 감고 명상을 하면 심신 안정이 되면서 생각 정리가 되는 거 같아요. 그리고 깊이 빠져들다 보면 내면에 있는 나 자신과 대화를 할 수도 있어요. 그렇게 스스로의 메타인지가 얼마나 잘되느냐에 따라 삶의 질이 달라진다고 생각해요.

Q. 인생의 전환점이 된 사건이나 결정이 있다면 무엇인가요?
A. 군인이 됐을 때가 제 인생의 전환점이 아니었나 생각해요. 군인이 되기 전까지 저는 계획 없는 게으른 사람 중에 한 명이었거든요. 군대 가고 나서 저의 식습관, 생활 습관과 패턴들이 만들어졌어요.

Q. 삶의 우선순위를 설정할 때 가장 중시하는 요소는 무엇인가요?
A. 당연히 건강이죠. 돈이 아무리 많고 아무리 행복해도 건강하지 않다면 무슨 소용일까요. 건강해야 일도 잘하고 일을 잘하면 돈은 알아서 따라오고 행복도 덤으로 따라오지 않을까요?

Q. 타인의 의견과 자신의 가치관 사이에서 갈등을 겪었을 때 어떻게 해결하나요?
A. 그런 상황이 닥쳐왔을 때 옛날엔 "왜?"라는 질문을 많이 했었는데 요즘에는 나이를 먹으니 관대해지더라구요. 그래서 그냥 "아~ 그렇게 생각할 수도 있겠구나~" 라고 상대방을 존중하는 편이에요.

Q. 도전과 실패를 극복하는 비법이 무엇인가요?
A. 저의 좌우명은 "7전 8기"에요. 아무래도 8년 동안 직업군인으로서 생활을 해와서 그런지 끈기, 인내심 이런 것들은 기본적으로 탑재가 된 것 같아요. 특수부대 출신이기도 하고 혹독한 훈련을 많이 거쳐온 사람인지라 자동으로 이런 사람이 돼버렸어요. 그리고 저는 무언갈 할 때 고민하지 않아요. 일단 시작하고 봐요 "시작이 반이다"라는 말을 좋아하거든요. 배우가 되겠다고 결심한 것도 처음엔 내향적인 성격을 극복하고자 전역하고 연기학원부터 다녔고, 다니다 보니까 자연스럽게 이 일이 재밌어서 어느 순간 배우 생활을 하고 있더라구요. (웃음) 그리고 저는 이 3가지 문장을 좋아해요. "이 또한 지나가리라", "그럼에도 불구하고", "오히려 좋아"

Q. 자신의 가치관을 표현할 수 있는 특별한 장소나 물건이 있다면 무엇일까요?
A. 저희 집 제 방이요. 이보다 더 잘 표현된 장소나 물건들이 있을까요? (웃음)

Q. 어떤 책이나 영화가 당신의 가치관에 큰 영향을 미쳤나요?
A. "성공이 행복인 줄 알았다"라는 책이 있는데 군대에 있을 때 그 책을 읽고 "완벽주의자 성향을 조금 버리자"라는 마음을 가졌던 적이 있어요. 잘하려고 하다보니 부담을 느끼고 실수를 하는 적도 있었어서, 그 이후로 이 책을 읽고 "잘하자"라는 마음보단 "즐기자"라는 마음으로 치우쳤던 것 같아요.

Q. 인생의 의미를 찾기 위한 특별한 여행이 있다면, 그 여정은 어떻게 될까요?
A. 거창하게 해외여행이 아닌 국내 여행을 다녀도 인생의 의미는 찾을 수 있는 거 같아요. 나홀로 부산 여행을 했던 적이 있었는데 그때 게스트 하우스에서 만난 사람들과 대화를 했었던 게 기억에 남아요. 서로 다른 삶을 살아왔기에 그들만의 삶의 이야기를 듣는 것도 재밌기도 하고 "정말 다양한 사람들이 공존하는구나"라는 걸 느꼈고 시야가 넓어진 듯한 느낌을 받았었어요. 여러모로 생각이 많아지는 여행이었어요.

Q. 중요한 결정을 내릴 때 가장 신뢰하는 조언은 무엇인가요?
A. 스스로에게 충분히 물어보면 결국 답은 나와요. 나를 제일 잘 아는 친구는 내면의 "나"이니까요. 내면의 내가 해주는 조언이 가장 최고의 조언이 아닐까요?

Q. 당신의 가치관을 직접 체험해 볼 수 있는 '실험'을 한다면, 어떤 실험을 해보고 싶으세요?
A. 최면에 걸려보고 싶어요. 그리고 무의식 상태에서의 내가 어떤 말을 하는지 궁금해요.

Q. 일상에서 느끼는 소확행은 무엇인가요?
A. 요즘 저만의 '소확행'이라 하면 운동을 했을 때의 그 부위의 펌핑감이 눈으로 보일 때? 내년 바디 프로필 촬영을 위해 열심히 운동하고 있어요.

Q. 평소 취미로 무엇을 하고 있나요?
A. 러닝과 헬스를 하고 있어요. 배우로서 체력 관리는 기본이라고 생각해서 평소에 체력 관리를 틈틈히 하고 있어요.

Q. 영화 속에서 가장 멋진 대사를 만들어 낼 수 있는 기회가 주어진다면, 어떤 대사를 만들고 싶은가요?
A. 현생을 힘겹게 살아가고 있는 분들한테 큰 위로가 될 독백을 만들어 보고 싶어요. 그 독백으로 인해 고군분투하고 있는 분들이 조금이나마 위로가 된다면 더할 나위 없이 좋을 거 같아요.

- 배우 권상우

Q. 불확실한 상황에서 스스로를 안정시키는 방법이 있다면 무엇인가요?
A. 저는 코인 노래방 가서 부르고 싶은 노래를 부를 때 스트레스가 해소돼요. 혼자서도 자주 갈 정도로 노래 부르는 것을 좋아해요.

Q. 상상의 동물과 함께 모험을 떠날 수 있다면, 어떤 동물과 떠나고 싶으세요?
A. 글쎄요. 상상의 동물이라면 용을 선택할게요. 용의 등에 타서 하늘을 누비고 싶네요.

Q. 만약 어느 곳에서든 한 달 동안 살 수 있다면, 어디를 선택할 건가요?
A. 일본 전국을 여행 해보고 싶지만 한 달이면 짧기에 일주일 단위로 오사카, 도쿄, 후쿠오카, 홋카이도를 다녀보고 싶네요. 일본 특유의 정서를 좋아하기도 해서 일본어 공부도 조금 하고 있을 정도예요.

Q. 모든 물체가 살아있는 세계에 산다면, 가장 친해지고 싶은 물건은 무엇인가요?
A. 너무 MBTI N스러운 질문이라 당황스러운데 가장 눈앞에 있는 키보드랑 친해져보고 싶어요. 그리고 물어보고 싶어요. "안 아프니?"

Q. 만약 모든 꿈이 현실이 된다면, 첫 번째로 이루어질 꿈은 무엇일까요?
A. 배우로서 칸 영화제 남우주연상을 수상하는 거 아닐까요? (웃음) 부디 이루어지길 간절히 바래요.

Q. 만약 자신의 인생이 게임이 된다면, 어떤 레벨이 가장 어려운 레벨일까요?
A. 지금 이 순간이지 않을까 싶어요. 과거는 이미 지나왔고 미래는 지금 어떻게 하느냐에 따라 결정되기 때문에 현재 지금 이 순간에 충실하기만 하다면 행복한 미래가 기다리고 있을 거 같아요.

Q. 만약 특별한 능력을 가질 수 있게 된다면, 그 능력은 무엇일까요?
A. 미래를 내다볼 수 있는 능력이요. 미리 대비를 할 수 있는 능력을 갖고 싶어요.

Q. 자신의 연애관에 영향을 준 책이나 영화가 있다면 무엇인가요?
A. 일본 영화 "남은 인생 10년"이라는 작품을 저의 연애관에도 영향을 끼칠 정도로 정말 감명 깊게 봤어요. 그 이후로 저의 연애 가치관이 조금 바뀌어졌던 거 같아요. "후회 없이 최선을 다해서 사랑해주자"라고요.

Q. 연애에 있어 가장 중요하게 생각하는 장기적인 목표는 무엇인가요?
A. 서로를 배려하는 마음이 가장 중요하다고 생각해요. 연애뿐만 아니라 결혼하고 나서도 함께 검은머리가 파뿌리가 될 때까지 서로를 존중하면서 만난다면 순탄하게 잘 만날 수 있을 거라고 생각해요. 대표적인 예시로 '션&정혜영' 부부가 될 수 있겠네요.

Q. 이상형이 뭐예요?
A. 외적으로는 강아지상을 좋아하는 거 같아요. 연예인으로 치면 '박규영 배우님'이랄까..
내적으로는 이타적이고 존중과 배려가 몸에 밴 사람이요.

Q. 본인만의 플러팅 방법이 있다면요?
A. 눈을 지그시 바라봐요.

Q. 자신의 정체성은 한 단어로 표현해 주세요?
A. 또라이

Q. 평소 전하지 못했던 말을 전할 수 있는 기회가 생긴다면 지금 이 순간 누구에게 어떤 말을 하고 싶나요?
A. 엄마 아빠에게 말하고 싶어요. "나를 낳아주고 키워줘서 고맙구 오래오래 건강하게 행복하게 살았으면 좋겠어. 사랑해"

Q. 2025년의 목표를 알려주세요?
A. 상업 드라마, 영화, OTT 등에서 최소 단역이라도 출연하는 것이에요.

- 배우 권상우 -

Q. '피의 향기'라는 장르물을 준비하며 어려움은 없었나요?
A. 처음에는 전체 시나리오를 몰라서 제가 어떤 역할인지 어려웠어요. 그래서 스토리 라인과 추구하시는 방향, 그리고 '신원우'라는 캐릭터가 다른 인물과 대비해서 어떤 톤으로 가야할지 많이 여쭤봤던 것 같아요. 이전에 '생로뱀사의 비밀'이라는 영화와 '두상들의 만찬'이라는 연극에서 장르물을 수행한 적 있어요. 그곳에서는 조금 더 고어하고 섬뜩한 장면도 다뤄서, '신원우' 역할도 "소름 끼칠만한 포인트도 준비해야 하나?" 욕심을 낸 적이 있어요. 하지만 친근하고 코믹한 친구 역할로 이야기를 이끌어주셨으면 좋겠다는 디렉팅을 받고 제 주변에 원우와 비슷한 친구를 생각하며 준비해 갔어요. 제가 준비한 것이 잘 드러났으면 하는 바람이에요.

Q. 뱀파이어라는 판타지 장르물이 처음에 어떻게 다가왔나요?
A. 이전에 경험을 해본 장르라서 크게 이질적이진 않았어요. 판타지 장르물에서 평범한 인물을 맡는다는 건 오히려 독특한 캐릭터가 된 것 같아 재밌었어요.

Q. 만약 자신이 뱀파이어였다면 어땠을 것 같나요?
A. '피의 향기'처럼 사랑하는 사람과 동행하는 것에 고민이 있을 것 같아요. 다른 일상 멜로 장르라면 사귀거나 결혼하는 게 해피엔딩이겠지만 뱀파이어가 나오는 작품은 다를 것 같아요. 오히려 사랑하는 사람을 위해서 멀리서 지켜보는 게 오히려 해피엔딩이 아닐까요? 이별이 최선의 선택이라면 기꺼이 헤어질 것 같아요.

Q. '신원우'라는 캐릭터의 매력점은 무엇이었나요?
A. 푼수 같고 호기심 많고 소문에 예민한, 대학에 꼭 있을법한 친구여서 좋아요. 가끔은 너무 많은 걸 알려고 해서 부담스럽겠지만 누구보다 남에게 관심이 많은 친구잖아요. 수업에 안 오면 제일 먼저 걱정 해주고, 밤에 길을 나서는 친구도 진심으로 염려 해주는 친구죠. 이런 친구가 있으면 힘든 일도 유쾌하게 이겨낼 것 같아요.

Q. 촬영 현장 분위기는 어땠나요? 기억에 남는 에피소드가 있나요?
A. 전체적으로 서로 배려 해주고 피드백하는 훈훈한 분위기 속에 진행되었어요. 그날 비가 와서 야외촬영에 난항을 겪었는데 포기하지 않고 적절한 장소를 감독님이 찾아서 촬영했던 기억이 나네요. 비도 오고 차도 지나다녀서 당황했지만 아무도 화내거나 포기하지 않고 끝까지 진행해서 잘 마무리할 수 있었어요. 함께한 모든 배우, 스탭분들께 감사드려요. 참! 그날 먹었던 감자탕이 정말 맛있었어요!

Q. 앞으로 해보고 싶은 작품의 장르와 역할은 무엇인가요?
A. 연기라면 뭐든지 좋아요. 제가 카메라 앞에 서고, 그 너머로 누군가에게 말을 거는 행위가 정말 행복해요. 그중에서도 굳이 꼽자면 학생 역할이에요. 최근까지 교복을 입는 역할을 많이 했어요. 감사하게도 학생 캐릭터 캐스팅을 많이 해주셨어요. 그 중 아직 일진이나 날라리, 개성이 넘치는 학생 역할을 맡아본 적이 없어서 기회가 된다면 맡아보고 싶어요. 그래서 일진 연기도 많이 연습하고 노는 고등학생 무리를 몰래 관찰한 적도 많아요. 다음에는 점심시간에 담배도 피러가고 담도 넘는 고등학생을 연기 해보고 싶어요.

Q. 새로운 캐릭터를 준비할 때 가장 먼저 하는 일은 무엇인가요?
A. 기본세팅과 기초분석이에요. 시나리오를 읽으며 그 친구의 성명, 이름, 나이, 성별 등 이력서 작성하듯이 써내려 가요. 그 후에는 제 나름대로의 분석법에 맞게 큰 틀을 분석해요. 하지만 아직 어려운 게 자꾸만 생각하다 보면 분석이 바뀌어요. 현장에서 대사가 바뀌거나 합이 달라지기도 하니까요. 그래서 분석에 강박을 가지지 않으려고 마음을 먹어요.

Q. 자신의 성격을 한 단어로 표현한다면 무엇일까요?
A. '외강내유' 저는 연극으로 연기를 시작했어요. 극단에서 막내였는데 거기서 선배 배우들이 제게 외강내유라고 자주 말씀하셨어요. 겉으로는 쿨하고 도도해 보이지만 속은 말랑하고 따뜻하다고요. 제가 추구하는 건 외유내강인데 반대라서 좀 당황스럽긴 하지만 저는 알면 알수록 부드러운 성격인 건 분명해요. 이 성격의 좋은 점은 연기의 폭이 넓어진다는 거예요. 단단한 모범생의 모습도 가능하고 편하고 웃긴 룸메이트도 가능해요. 제 성격을 좋은 연기를 보여드리는 데 활용하고 싶어요.

Q. 주말이나 휴일에 주로 어떻게 시간을 보내나요?
A. 저는 손흥민 선수의 Big fan이에요. 그래서 시간이 되는 날에는 선수님의 에이매치(국가대표 경기)를 보러가거나 토트넘 경기를 봐요. 요즘 토트넘이 너무 성과를 못 내어서 볼 때마다 가슴이 아파요. 이번 시즌에는 4위안에 들어서 꼭 챔피언스 리그에 진출했으면 좋겠어요. 토트넘 파이팅! 손흥민 선수 파이팅!

Q. 가장 좋아하는 음식이나 요리는 무엇인가요?
A. 뭐니뭐니해도 한식! 그중에서 순두부 찌개에요! 저희 어머니가 한 솜씨 하시거든요. 저는 잠시 외국에서 생활한 적이 있었는데 그때 순두부 찌개가 너무 먹고 싶어서 몇 시간에 걸리는 한인 마트에서 순두부를 산 기억이 나요. 아무리 요리 해도 엄마가 해주신 맛은 안 나더라고요. "아~ 배고픈데요?" (웃음)

Q. 가장 좋아하는 계절과 그 이유는 무엇인가요?
A. 겨울을 좋아해요. 합법적으로 따뜻해질 수 있는 계절이잖아요. 매해 연말이 되면 크리스마스를 기점으로 1월 초까지 조금 느슨해지는 기간이 있어요. 마치 있지만 없는 듯한 날들이죠. 홀리데이가 이어지고 지인들과 간만에 만나고, 멀리 있는 친구와 오랜만에 안부를 묻는 따뜻한 계절이에요.

- 배우 팽은서 -

Q. 특별히 애착이 가는 물건이나 기념품이 있다면 무엇인가요?
A. 초등학교 6학년 때 썼던 일기장이요. '꿈달소'라는 이름도 지어줬어요. '꿈을 달리는 소녀'라는 뜻인데 그때는 정말 매일 같이 일기 쓰는 게 재밌었거든요. 꿈도 많고 정도 많아서 거기에는 그 시절 어울렸던 친구들과 주고받은 편지나 제가 되고 싶은 이상향이 잔뜩 적혀있어요. 사실 안 펼쳐본 지 오래되어서 어딨는지는 모르겠지만 소중하게 보관되어 있을 거예요.

Q. 과거에 해보고 싶었던, 그러나 아직 시도하지 않은 일이 있다면 무엇인가요?
A. 번지점프랑 패러글라이딩이요! 특히 스위스에서 봤던 패러글라이딩은 잊혀지지 않아요. 언젠가 기회가 된다면 아름다운 자연을 보면서 저를 바람에 맡기고 싶어요.

Q. 미래에 이루고 싶은 꿈이나 목표가 있다면 무엇인가요?
A. 연기적으로는 제가 출연한 작품이 영화제에서 인정받는 거예요. 이전에 찍은 작품 중에 감사하게도 영화제에 초청된 작품이 있어요. 소식을 듣는 순간 정말 기뻐서 날아갈 것 같았어요! 다음에는 영화제에서 저도 gv에 참여하고 작품이 인정받아 수상을 하면 더할 나위 없을 것 같아요.

Q. 자신이 가장 자주 사용하는 앱이나 웹사이트는 무엇인가요?
A. 앱은 듀오링고, 웹사이트는 유튜브나 넷플릭스 같아요. 저는 최근에 '흑백요리사'라는 프로그램을 무척 재밌게 봤어요.

Q. 만약 과거로 갈 수 있다면 어떤 시대에 살고 싶으신가요? 그 이유는 무엇인가요?
A. 선덕여왕이 있던 신라시대요! 어릴 때 선덕여왕 드라마를 엄청 흥미있게 봐서 책까지 사서 읽을 정도였어요. 첫 여자 대왕이 탄생하던 그 순간을 꼭 지켜보고 싶어요. 경주에 있는 유물탐방이나 옛것에 관심이 많아서 유익할 것 같아요.

Q. 어떠한 영화 속에 들어갈 수 있다면 어떤 장면에 들어가고 싶으세요?
A. 어려운 질문이에요! 결정했어요! 저는 알라딘 속 지니가 주전자를 놓치는 딱 그 순간이요! 왜냐면 제가 주전자를 낚아챌 거거든요. 저는 소원을 빌 때 첫 번째 소원으로 소원을 1000개 해달라고 할 거예요. (웃음)

Q. 만약 당신의 인생을 다룬 영화의 감독을 선택할 수 있다면, 누구를 고르겠나요?
A. 그레타 거윅이나 존 카니 감독이요. 그레타 거윅 감독의 <프란시스 하>는 명작이에요. 마치 제 자신을 보는 기분이었어요. <레이디 버그>도 훌륭하고요! 그만이 그려낼 수 있는 세밀하고도 현실성 있는 연출이 제 인생을 잘 담아줄 것 같아요. 존 카니 감독의 <비긴어게인>은 제 인생 영화에요. 말 다 했죠.

Q. 어떤 사건이나 경험이 당신의 가치관에 가장 큰 영향을 미쳤나요?
A. 교환학생을 다녀왔던 2022년이에요. 독일에 살면서 여러 나라를 여행하고 각국의 사람을 만나서 사귀었어요. 생각이 넓어지고 다녀와서 마음에 여유가 생겼어요.

Q. 인생에서 가장 큰 도전이라고 생각하는 것은 무엇인가요?
A. 연기죠. 그것도 연기를 업으로 삼으려는 게 제겐 큰 도전 같아요. 현실과 이상을 두면 결국 현실을 선택했는데 이번에는 이상을 선택했어요.

Q. 성공의 정의는 무엇이라고 생각하나요?
A. 자기 전에 아무 걱정 없이 발 뻗고 자는 거요.

Q. 자신의 삶에서 가장 큰 행복을 느끼는 순간은 언제인가요?
A. 가족끼리 영덕 여행을 갔는데 길을 잃은 적이 있어요. 근데도 유쾌하게 웃으며 그 동네를 드라이브했죠. 그 기억이 아직도 가장 행복해요. 그때 가족들과 playlist를 만들어서 좋아하는 음악을 다 같이 들었는데 서로를 더 잘 알게 된 기분이었어요. 말하지 않아도 어떤 삶을 살아왔고 요즘엔 어떤 생각을 하는지 이해가 되더라고요. 또 그런 여행을 가보고 싶어요.

Q. 만약 자신이 만화책의 주인공이 된다면 어떤 모험을 경험하고 싶으세요?
A. 만화를 안 보는 편이라 잘 모르지만, 최근 '흑백요리사'를 봤던 것에 따르면 요리 만화가 굉장히 재밌어 보여요. 거기서 요리사는 아니고 맛있는 거 대접받는 손님으로 살고 싶어요.

Q. 자신이 가장 좋아하는 장소나 여행지에서의 특별한 순간을 이야기해 주세요?
A. 고등학교 때 다녔던 수학학원이 가장 좋아하는 장소에요. 거기만 가면 마음이 편해져서 마음 놓고 문제를 풀었던 것 같아요.

Q. 가장 최근에 했던 대화 중에서 가장 인상 깊었던 이야기나 경험은 무엇이었나요?
A. 일하던 중에 동료와 이야기를 하다 불이 꺼진 적이 있어요. 그때 저는 너무 놀라서 당황했던 경험이 있는데 그게 갑자기 생각나요.

Q. 어린 시절 가장 기억에 남는 꿈이나 상상력의 세계가 있었다면, 그것에 대해 이야기해 주세요?
A. 저는 파워레인저 매직포스 광팬이었어요. 그중에서 블루를 가장 좋아했는데요. 저는 제 스스로가 언젠가 그 자리를 대체할 자원이라서 준비 해둬야 한다고 생각하고 살았어요. 지금도 항상 대비하고 있다는 거 알아주세요.

- 배우 팽은서 -

Q. 어떤 종류의 음악을 주로 듣고, 최근에 즐겨 듣는 곡은 무엇인가요?
A. 지금은 9월이고 (인터뷰 기준 2024년 9월이다) 밤낮으로 쌀쌀해지는 간절기에요. 가을이 서서히 피어나는 곡을 플레이리스트에 담고 있어요. 태연의 11:11, Charlie Puth의 See You Again, 2NE1의 Baby I Miss You가 담겨 있네요. 최근에 즐겨들은 곡은 Henry Moodie의 pick up the phone.

Q. 자신이 좋아하는 작가나 예술가의 작품 중에서 가장 감명 깊었던 것이 있다면 무엇인가요?
A. 천선란 작가님의 '천개의 파랑'이라는 작품이에요. 그럼에도 사랑이 이긴다는 따뜻한 마음을 제게 나눠준 작품이에요.

Q. 만약 시간이 멈출 수 있다면, 어떤 순간을 선택해 그 시간을 만끽하고 싶으신가요?
A. 할머니가 돌아가셨던 순간이에요. 시험 기간이었어요. 고등학생이었던 저는 내신을 챙겨야 했고 눈물 바람으로 장례식장에서 문제집을 피고 교과서를 하나하나 공부했어요. 그런 제 자신이 너무 쪽팔리고 숨고 싶었어요. 그때 공부한 과목은 이상하리만치 좋은 점수를 받았죠. 할머니가 준 선물이에요. 그러나 돌아간다면 그러질 않을 거예요. 할머니의 사진을 더 보고 더 마음껏 슬퍼하고 그리워할 거예요.

Q. 좋아하는 사람이 생긴다면 가장 하고 싶은 데이트 코스는 무엇인가요?
A. 영화 보고 덕수궁 걷기? 제가 좋아하는 것을 함께 하는 건 특별한 일이에요. 아, 또 제가 축구를 좋아해서 함께 직관을 가보고 싶어요.

Q. 당신의 좌우명은 무엇인가요?
A. '최고보다는 최선을 다하자' 초등학교 5학년 담임선생님이 걸어두신 교훈이었어요. 그때 저는 올백이 아니라서 우는 재수 없는 학생이었어요. 하루는 선생님이 저를 불러서 사탕을 주시며 말씀해 주셨죠. 어떤 내용이었는지 정확히 기억은 안 나요. 그냥 보고 싶어요.

Q. 자신의 인생에서 가장 큰 도전 중 하나는 무엇이었고, 어떻게 극복했나요?
A. 사실 지금 이 시기가 가장 큰 도전이에요. 전공을 미뤄두고 제가 하고 싶은 연기를 위해서 다른 일을 찾아 돈을 벌고 틈틈이 연기 공부를 하고 있죠. 현실적으로 많이 무섭고 솔직히 두려워요. 그래도 저를 믿고 응원해 주는 사람들 덕에 하루하루 극복하고 일하고 연습하는 중이에요.

Q. 자신의 삶에 영향을 준 중요한 결정이나 전환점이 있었다면 무엇인가요?
A. 칸 영화제요. 그곳에 갔다 와서 어쩌면 언젠가 내가 저 자리에 정말 있을지도 모르겠다는 생각을 했어요.

Q. 자신이 가진 최고의 유머 감각을 발휘했던 순간이 있다면 무엇인가요?
A. 요즘 유머 감각이 좋아요. 좀 쳐요. (웃음) 제 기분 탓일지도 모르지만 저는 솔직해서 툭툭 뱉는 말이 좀 통하는 것 같아요. (웃음)

Q. 가장 좋아하는 동물이 있다면 무엇인가요?
A. 펭귄이요. 어릴 때 이름이 비슷해서 놀림 많이 당했어요. 나이가 차니 그냥 귀엽고 오히려 좋은 별명 같아요. 그래서 더 애착이 가는 동물이에요.

Q. 이상형이 뭐예요?
A. 자기 일을 정말 사랑하고 열심히 하고 잘하는 분이 좋아요. 꿈을 위해 매일 애쓰는 모습 보면서 저도 더 좋은 사람이 되고 싶어 할 거예요.

Q. 본인만의 플러팅 방법이 있다면요?
A. 저는 조금 대놓고 표가 나요. 한정판 초콜릿을 가져다 준다거나 그 사람한테만 엄청 밝게 인사한다거나! 그러거든요.

Q. 자신의 정체성은 한 단어로 표현해 주세요.
A. '무지개' 저는 정말 다양한 사람이에요. 그래서 편견도 적고 적응이 빠르다고 믿어요. 이 점을 이용해서 연기를 무궁무진하게 펼치고 싶어요.

Q. 평소 전하지 못했던 말을 전할 수 있는 기회가 생긴다면 지금 이 순간 누구에게 어떤 말을 하고 싶나요?
A. 손흥민 선수요. 제가 좋아하는 선수인데 이번에 부상으로 출전하지 못했어요. 물론 휴식기를 가져서 좋지만 한편으로는 걱정되거든요. 항상 응원하고 있어요. 늘 그렇듯 하고 싶은 축구 마음껏 펼치셨으면 좋겠어요. 저도 선수님을 보고 꿈을 꾼답니다!

Q. 2025년의 목표를 알려주세요?
A. 너무 많아요. 광고도 작품도 계속하고 싶어요. OTT 작품에 꼭 출연하고 싶어요. 부모님께 제 연기를 보여드리는 게 민망한 구석이 있어요. OTT 작품이라면 본가에서 부모님께서 제 연기를 감상하실 수 있잖아요. 사랑하는 사람에게 제 연기를 가장 편하게 보일 수 있는 작품이 OTT라서 욕심나요.

- 배우 팽은서 -

Q. '91' 작품에 출연하게 된 계기는 무엇인가요?
A. 연기하기 전 춤을 췄었는데 신태형이라는 캐릭터가 춤을 추는 장면이 있고 인물의 성격이나 가치관들이 표현하기에 재밌겠다는 생각에 출연하게 됐어요.

Q. 두 주인공의 엔딩이 해피인가요? 새드인가요? 결말에 대해 어떻게 생각하나요?
A. 재회라는 관점에서 보면 새드일 것 같아요. 하지만 서로 각자 갈 길과 미래에 관해선 해피라고 볼 수도 있겠네요. 저는 개인적으로 해피라고 생각해요.

Q. 촬영 현장에서 가장 기억에 남는 비하인드는 무엇인가요?
A. 첫 촬영이었나요? 교실 세트장이었는데 공사 소리 때문에 딜레이가 계속되었던 게 기억나네요. (웃음)

Q. 김도연 배우와의 호흡은 어땠나요?
A. 91이 아마 4번째일 텐데 세상에 배우가 얼마나 많은데 한 배우와 4번이면 호흡이야 뭐 척하면 척이죠. (실제 호흡한 작품은 총 5작품이다)

Q. '신태형' 캐릭터의 명대사는 무엇인가요?
A. 대부분의 사람들이 1화 교실씬이라고 생각할 것 같은데 저는 3화 마지막 '여전히 예쁘네 진지아' 가 가장 기억에 남아요. 아직 못 잊었다기보다는 지아를 생각하며 앞으로의 길을 열심히 나아갈 것 같네요.

Q. '91'은 설렘 포인트가 많았던 작품, 본인이 생각하는 설렘 포인트는 무엇이라고 생각하나요?
A. 아무래도 1화 교실씬이라고 생각해요. 태형이의 적극 대시라고 해야할까요? 제가 지아였으면 반했어요. (웃음)

Q. 현장에서 설렘을 느꼈는 순간이 있었나요?
A. 1화 교실씬에 칠판 앞에서 엄청 가까이 있는 씬이 있는데 그때 지아의 눈동자가 초롱초롱 했어요. 사슴 같았어요.

Q. 캐릭터와 실제 본인의 싱크로율은 어떻게 되나요?
A. 50%인 것 같아요. 전체적인 면은 비슷한 것 같지만 저는 좋아하는 여자를 저렇게까지 다가가거나 잡은 적이 없거든요...

Q. 91의 첫방송을 처음 접했을 때 반응은 어땠나요?
A. 저의 연기 말고는 만족스러웠어요. 연기 연습 더 열심히 할게요.

Q. 직접 창작 안무를 선보였었는데 준비 과정은 어땠나요? 어려움은 없었나요?
A. "태형이라면 어떻게 안무를 짰을까?"라는 생각에 집중하다 보니 어려움은 분명히 있었어요. 하지만 결국엔 제 스타일이 조금씩 들어가더라구요.

Q. '신태형'은 자신의 상처를 위로해주는 '진지아'에게 반했는데 실제 '봉승환'이라면 어떻게 반응할 것 같나요?
A. 상처를 위로해 주는 여자가 있다면.. 무조건 잡겠죠?!

Q. 좋아하는 상대에게 먼저 다가가는 적극적인 성향인가요? 다가와주길 기다리는 스타일인가요?
A. 예전에는 다가가는 스타일이었지만 최근 들어는 다가와주길 기다리는 것 같아요. 뭐 남자답지 못할 수도 있지만 많이 조심스러워 지더라구요.

Q. 만약 재촬영을 한다면 희망하는 장면이 있나요? 있다면 이유는 무엇인가요?
A. 3화에 회사 실장님께 헤어지라는 전화를 받고 다락방에서 지아와 헤어지는 장면이 있는데 그 씬을 다시 촬영하고 싶어요. 그 장면이 연기적으로 가장 아쉬웠어요.

Q. '진지아'와 다시 재회하게 된다면 무슨 말을 전하고 싶은가요?
A. '봉승환'이라면 "잘 지냈어?", '신태형'이라면 "안녕?"

Q. 자신이 맡았던 캐릭터 '신태형'에게 봉승환이 전하고 싶은 말은 무엇인가요?
A. 너에겐 첫사랑일 수도 있겠지만 추억은 추억으로만 있을 때가 가장 아름답더라. 그냥 너 갈길 잘 가고 재밌게 살아.

Q. 독자들과 함께 공유하고 싶은 취미나 관심사가 있다면 무엇인가요?
A. 진짜 뜬금없는 말일 수도 있지만 요즘 WWE라는 프로레슬링이 재밌더라구요. 폭력적으로 생각하실 수 있지만 각본 있는 쇼이기 때문에 괜찮구요. 선수들의 몸놀림이 아주 화려합니다. '91'의 태형이보다 더 대단해요.

Q. 앞으로의 계획이나 꼭 해보고 싶은 배역이 있다면 어떤 것이 있나요?
A. 아무런 행동의 죄책감을 못 느끼는 악역을 해보고 싶어요. 좀 더 구체적이자면 서사 없이 그냥 그렇게 자라와서 내가 저지르는 일이 잘못인지 모르는 그런 사람이요.

Q. 자신만의 스트레스 해소 방법은 무엇인가요?
A. 그다지 중요하지 않다고 생각하고 자버려요.

- 배우 봉승환 -

Q. 당신에게 '성공'이란 어떤 의미를 가지나요?
A. 무엇에 쫓기지 않고 사는 것이요.

Q. 롤모델이 궁금해요?
A. 연기로서는 이병헌 선배님, 사람으로서는 유재석 선배님이에요.

Q. 인생에서 가장 중요하게 여기는 선택의 기준은 무엇인가요?
A. 미래에 어느 것이 나에게 이로울까를 생각하고 선택해요.

Q. 3가지 버킷리스트는 무엇인가요?
A. 해외여행, 스카이다이빙, 게임 대회 출전하기

Q. 자신의 가치관이나 철학이 개인적인 삶과 커리어에 어떤 영향을 미쳤나요?
A. 영향의 결과만 보면 낫배드라고 생각해요. 저의 가치관이라고 할 것 같으면 저는 일할 때는 신념이라고 해야 할까요? 그다지 중요하게 생각하지 않거든요. 돈 받고 일하는 사람은 전부 프로라고 생각하고 직장이던 현장이던 어느 정도 갖춰져 있는 틀이 있을 텐데 저는 꼭 지켜야 한다고 생각해요. 캐릭터 분석도 마찬가지구요. 제가 연기하는 캐릭터를 제가 보는 관점도 굉장히 중요하지만 그 캐릭터를 설계한 분은 감독님이기 때문에 선을 넘지 않는 선에서 저의 생각과 철학을 주입하려 하는거죠.

Q. 어린 시절 '봉승환'은 어땠나요?
A. 천방지축 얼렁뚱땅 빙글빙글 돌아가는 친구였어요. 이 말 말고 할 말이 딱히 안 떠오르네요. 하지만 속은 내성적인 친구였어요.

Q. 배우라는 꿈은 언제부터 꾸게 되었는지와 어떤 계기가 있었는지 궁금해요?
A. 어릴 적 꿈이 정말 많았어요. 하지만 대체로 한 사람은 하나의 직업만 가지고 있잖아요. 전 그게 싫어서 어떤 직업을 가져야 할지 고민이었어요. 어느 날 영화를 보니 한 배우가 전 작품과 이번 작품에서 연기하는 캐릭터의 직업이 다르더라구요. 그때 정말 단순하게 "배우가 된다면 여러가지 직업을 간접적으로나마 체험해 볼 수 있겠구나"라고 생각해서 배우라는 꿈을 꾸게 된 거죠.

Q. 배우가 아닌 새로운 직업에 도전해본다면 어떤 직업을 갖고 싶나요?
A. 꿈이 워낙 많지만 최근 들어 흥미가 생긴 건 음악 프로듀서와 웹툰 작가예요.

Q. 평소 어떤 노래를 많이 듣나요?
A. 장르라고 한다면 가리지 않고 듣지만 최근 들어 자주 듣는 노래는 HOT - 빛, M83 - Midnight City 이예요.

Q. 미래의 연애에서 가장 중요하게 생각하는 요소나 원칙은 무엇인가요?
A. 서로의 상황을 이해하는 게 가장 중요하다고 생각해요.

Q. 자신의 이미지를 한 단어로 표현한다면 무엇인가요?
A. 무색무취

Q. 사랑을 표현하는 데 있어 가장 선호하는 방법이나 스타일이 있다면 무엇인가요?
A. 서투르고 투박해도 진심으로 표현하는 걸 선호해요.

Q. 좌우명 또는 자신만의 명언이 있나요?
A. "그럴 수도 있지 뭐"

Q. 10년 후 자신을 상상한다면, 어떤 모습일 것 같나요?
A. 현장에서 촬영하고 있을 것 같아요. 그게 제일 바라는 모습이거든요.

Q. 미래에 가족을 이루게 된다면 어떤 방식으로 가정을 꾸리고 싶으신가요?
A. 아들 1명, 딸 1명 있었으면 좋겠고 딸이 첫째였으면 좋겠어요. 제가 누나가 없어서 그런지 "누나가 있었으면 좋았겠다" 라는 생각을 많이 했었거든요.

Q. 개인적으로 삶의 목적이나 가장 중요하게 생각하는 목표는 무엇인가요?
A. 책임감 있게 살고 그 속에서 재밌게 사는 것이에요.

Q. 개인적으로 성장하고 발전하기 위해 어떤 노력을 기울이고 있나요?
A. 최대한 많은 사람들을 만나보려고 하고 많은 대화를 나눠보고 있어요. 어떻게 보면 별거 아닌 것 같지만 저는 이 속에서 느껴지는 게 정말 많더라구요.

- 배우 봉승환 -

Q. 이상형이 뭐예요?
A. 타투X, 긴 생머리, 탈색X, 이해심 많은 사람

Q. 본인만의 플러팅 방법이 있다면요?
A. 없긴 하지만 굳이 굳이 있다면 눈웃음..? (웃음)

Q. 자신의 정체성을 한 단어로 표현해 주세요?
A. 탱탱볼

Q. 평소 전하지 못했던 말을 전할 수 있는 기회가 생긴다면 지금 이 순간 누구에게 어떤 말을 하고 싶나요?
A. 중학생 시절 저에게 "너가 정말 원하는 그거 얼른 해!"라고 하고 싶어요.

Q. 2025년의 목표를 알려주세요?
A. 드라마틱한 성과는 없더라도 "이 정도면 뭐!" 정도로 살아보는 게 목표에요.

- 배우 봉승환 -

Q. 봉승환 배우와의 호흡은 어땠나요?
A. 승환 오빠와 단편영화나 타사 웹드라마 등에서 여러번 호흡을 맞춰봤고 '91'이 직접적인 호흡으로는 5번째 호흡 작품이었어요. 동시에 같은 작품 출연으로 인해 간접적이였던 호흡까지 합쳐보면 '91'이 7번째였죠. 그만큼 여러번 맞춰봤기에 호흡에 대한 강력한 믿음이 있었어요. 저는 처음이었던 제작 부분에 있어서도 신경 써야 할 게 많았기에 연기적인 부분에서 자동으로 무의식 중에 오빠한테 의지를 많이 했거든요. 호흡에 대한 걱정은 없었어요. 그리고 역시나 믿음대로 호흡이 좋았으며 케미가 좋았죠. 그래서 더욱 결과물도 잘 나왔다고 생각해요.

Q. '91'을 통해 어떤 메세지를 전하고 싶었나요?
A. 누군가가 위태로워 보일 때 작은 마음이라도 표현하고 다가가서 위로를 한다면 그 작은 한마디던 행동이던 그 누군가에겐 구원 같은 존재가 될 수도 있으니 지나치지 말고 다가가 보라는 메세지를 담고 있어요. 그리고 사랑해서 놓아준다는 표현을 이해할 수 있게 만들고 싶었기도 해요.

Q. 현장에서 설렘을 느꼈는 순간이 있었나요?
A. 교실 칠판 씬에서 태형이가 지아에게 얼굴을 초밀착으로 다가와서 플러팅 멘트를 날리는 장면이 있어요. 실제로도 가까운 눈맞춤과 깊은 눈빛 교환에 설렜어요. 그리고 지아가 욕실에서 혼자 처절하게 주저앉아 물 맞고 있을 때 태형이가 구하러 와줘서 울고 있는 지아를 감싸 안아주고 "어디 안 가. 나 여기 있어"라고 달래주며 위로 해줬을 때 설렜어요. 개인의 상처와 아픔이 있을 때, 힘들어하고 울고 있을 때 누군가 달려와서 구해주고 위로 해줄 수 있는 사람이 있다는 자체가 지아한테 너무 부러움을 느꼈어요.

Q. '신태형'와 다시 재회하게 된다면 무슨 말을 전하고 싶은가요?
A. 김도연이라면 '안녕? 잘 지냈어?', 진지아라면 '오랜만이야.. 보고 싶었어'

Q. 캐릭터와 실제 본인의 싱크로율은 어떻게 되나요?
A. 지아의 성격과 많이 닮았어요. 70% 정도라고 생각해요. 지아가 겪은 아픔과는 관련이 없지만 다가가고 싶은 사람이 있을 때 괜히 신경 쓰게 되고 챙겨주게 되고 또 막상 반대로 상대가 적극적으로 다가오면 로봇처럼 굳어버리고 부끄러워하고 그런 성격들이 닮았어요.

Q. 좋아하는 상대에게 먼저 다가가는 적극적인 성향인가요? 다가와주길 기다리는 스타일인가요?
A. 저는 기다리는 스타일이에요. 어느 정도까지만 다가가고 그 이후에는 다가와주길 기다려요. 상대가 같은 마음이 아닐수도 있고 상대가 부담스러워 할까봐 더 적극적으로 못 다가가나 봐요. 오히려 어릴 땐 눈치 안 보고 적극적인 성격이었던 것 같은데 많이 바뀐 것 같네요.

- 배우 김도연 -

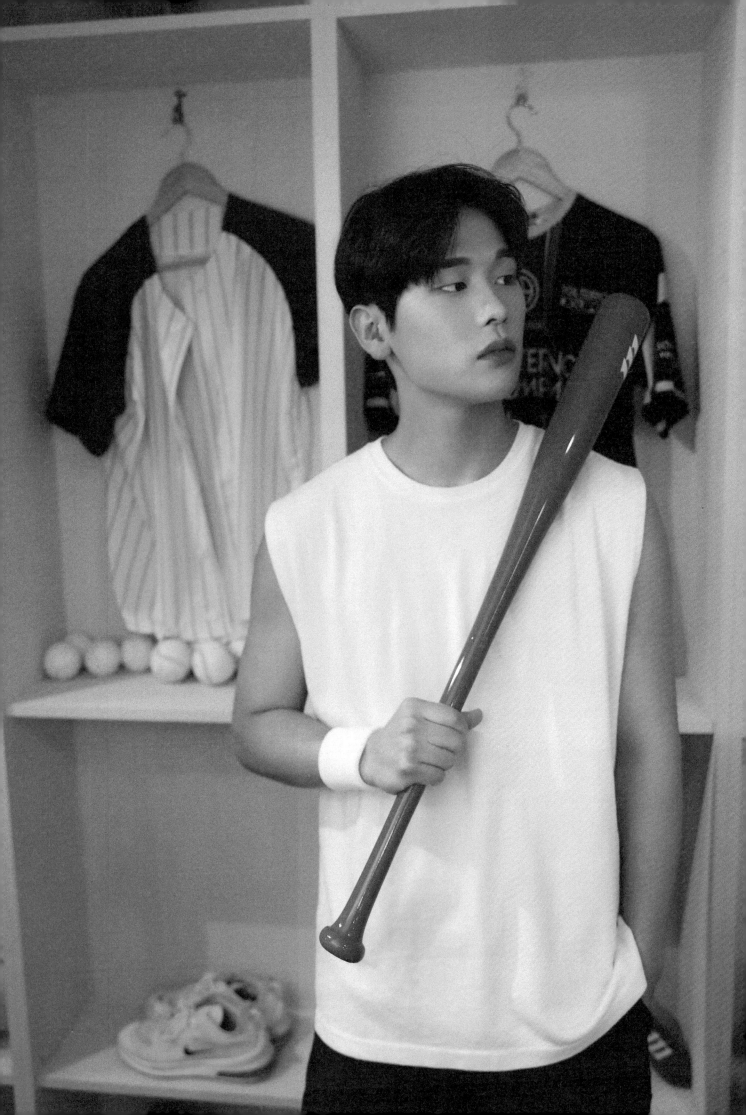

Q. '91' 제작에 참여한 첫 작품이었는데 어려움은 없었나요?

A. 첫 제작이라는 도전적인 정신이 더 컸기에 시작할 땐 어려움을 느낄 새가 없었어요. 다만 시작하자라는 마음을 먹고 너무 빨리 촬영 일자부터 잡은 게 아쉬웠던 부분이죠. 이것저것 준비할 게 많았어요. 제작자 입장에서도 배우로서도 해야 할 일이 많았는데 여유 기간을 너무 짧게 잡아버려서 놓친 부분들이 많았죠. 그래서 다음부터는 준비기간을 조금 더 여유있게 둬야겠다고 깨달았어요. 어려움은 촬영을 진행하면서 있었어요. 현장에서 예상하지 못한 외부적인 환경 요인으로 인해 계획했던 타임테이블대로 흘러가지 않고 딜레이 되는 부분들도 있었고 의상, 미술, 소품, 연출 등 모든 부분을 신경 쓰면서 동시에 연기도 해야 하니까 머릿속은 터질 것 같은데 모든 걸 이끌어가야 하면서도 감정을 잡아야 한다는 게 이렇게 어려운 거구나를 제대로 느꼈어요.

Q. '91' 제목의 탄생일화와 그림자 포스터에 대한 비하인드는 뭐예요?

A. 서로가 서로에게 구원인 존재가 되는 것이 스토리의 핵심이었기에 '구원'이라는 단어를 강조해서 표현하고 싶었어요. 그런데 '웹드라마 구원' 이렇게 쓰기엔 너무 심심해보여서 영어로도 돌려보고 다른 대체 단어를 찾아보기도 했는데 갑자기 문득 한 글자씩 숫자로 바꾸면 어떨까라는 색다른 접근 방식으로 생각했어요. 그렇게 '91'이 탄생했죠. 예쁘게 바뀐 제목을 보고 짜릿했어요. 그런데 다들 "구십일"로 읽어주시더라구요. (웃음) 제 의도가 전달됨에 있어서 실패한 걸까요? 다만 끝까지 작품을 시청해주신 시청자분들은 이해를 하고 제 의도대로 제목을 '구원'으로 읽어주셨어요. 매우 만족해요. 포스터가 그림자가 된 것 역시 우연한 발견이었어요. 원본에서는 뭔가 느낌이 살지 않아서 편집할 때 이것 저것 다 바꿔보다가 우연히 뭔가를 잘못 눌러서 인물이 사라지고 그림자로 바뀌었거든요. 그런데 그게 느낌이 살고 예뻐보이더라구요. 그림자만이 가지고 있는 분위기가 있고, 승환 오빠의 옆모습 각도도 너무 예뻐서 우연히 찾게 된 빛이었어요. "그 우연함에 의도가 있어 보이는 것처럼 의미를 맞춰 넣어보자"라고 생각했고, 그림자 포스터의 의미는 각각의 캐릭터들이 가지고 있는 아픔을 숨겨주기 위함이에요. 우리들도 개인의 아픔이나 상처를 타인에게 보여주고 싶지 않아하거나 숨기고 싶어 하잖아요. 그걸 그림자로 표현한 것이었어요.

Q. 촬영 현장에서 가장 기억에 남는 비하인드는 뭐예요?

A. 촬영 당시 실제 헤어스타일은 단발이었어요. 그런데 한 작품에서 긴머리 스타일링도 보여주어야 해서 통가발을 착용했었죠. 그랬던 가발을 싹둑싹둑 가위로 자르고 스스로 피 분장까지 하며 물 맞고 있을 때 너무 추웠거든요. 한겨울이여서 실내 장면인데도 불구하고 물을 맞고 있으니 너무 춥더라구요. 또 얼굴과 몸에 물을 맞으면 피 분장이 지워지니까 추운데도 테이크 다시 갈 때 직접 셀프로 재분장하고 있고 그랬던 부분이 너무 스스로 웃겼어서 기억에 남아요.

Q. 만약 재촬영을 한다면 희망하는 장면이 있나요? 있다면 이유는요?

A. 특정한 장면이라기보단 전체적 재촬영을 희망해요. 저예산으로 시작했다보니 열악한 환경에서 촬영을 진행하여 음향적인 부분에서 계속 노이즈가 있었기 때문이죠. 그 부분이 너무 아쉬워요. 하지만 작품 자체를 재촬영 할 수는 없으니 더 발전된 현장 환경에서 새로운 작품으로 기회가 된다면 승환오빠와 재호흡을 원하는 마음이에요.

Q. 두 주인공의 엔딩이 해피인가요? 새드인가요? 결말에 대해 어떻게 생각하나요?

A. 해피라는 여지를 남겨준 새드라고 생각해요. 각자의 삶에서 바라본다면 서로를 위해 잘 되라고 사랑해서 놓아준 것이었죠. 그렇지만 둘 다 결국 마음 한편에선 서로를 시간이 흘러도 놓지 못하고 있잖아요. 아마 새로운 인물이 나타나거나 시간이 더 지나서 해결해주지 않는 이상 서로를 계속해서 놓지 못하고 기억할 것이라 생각해요. 속마음은 서로를 기억하고 원함에도 불구하고 이미 과거가 되버렸기에 섣불리 다가가지 못하는 부분이 새드라고 생각해요.

Q. '진지아' 캐릭터의 명대사는 무엇인가요?

A. 태형이에게 연고를 주고 뚫어지게 쳐다보다가 "발라줘?"라고 말한 부분과, 그림 과제를 같이 하다가 "반했냐?"라고 말한 부분이 명대사라고 생각해요. 되도록이면 짧은 한마디에 강력하게 던질 수 있는 명대사가 뭐가 있을까 많이 생각했었거든요. 태형이에게 훅 들어갈 수 있는 한 방이 필요했어요. 지아가 하는 행동 자체가 이미 플러팅이라서 대사는 세글자면 충분하다 생각했죠.

Q. 91'은 설렘 포인트가 많았던 작품, 본인이 생각하는 설렘 포인트는 무엇이라고 생각하나요?

A. 멘트적인 부분에선 1화에 모든 설렘 포인트를 넣었다고 생각해요. 특히 학창시절에 벌어질 수 있는 드라마틱한 로맨스 장면들을 모두 넣었기 때문이죠. 개인적으론 2화에서 지아가 가정폭력으로 인해 많이 무너져있는 상태일 때 태형이가 지아의 집까지 찾아와서 물 맞고 있는 지아를 위로해주고 구해준 부분이 설렘 포인트였어요. 실제 저는 화목한 가정에서 사랑받으며 자랐지만 제가 만약 지아였다면 저 상황에서 가장 설레서 반했을 것 같거든요. 아마 "신태형에게 올인 해야겠다"라고 느꼈을 만한 부분이었다고 생각해요.

Q. 자신이 맡았던 캐릭터 '진지아'에게 김도연이 전하고 싶은 말은 뭐예요?

A. 지아야! 더 이상 상처받지 말구 아프지 말고 건강하게 행복하게 살아! 그리고 태형이와의 추억은 예쁜 추억으로 보내줘!

- 배우 김도연 -

넌 나의 유일한 키

PLUS X

130 체인지

5월 18일 (토) 오후 6시 첫방송 YouTuBe

지승진 | 김도연 | 박현기 | 이호준 | 김우혁 | 이열 | 정한성

뱀파이어와 사랑에 빠져버린 인간아이

피의 향기

정한성 | 김도연 | 박지훈 | 팽은서 | 권상우

TVING | WAVVE | WAHCHA | GENIE TV | HOME CHOICE

2025 PLUS X

1판 1쇄 발행 2025년 2월 21일

지은이 플러스엑스 E&M

편집 이새희
마케팅 • 지원 김혜지

펴낸곳 (주)하움출판사   펴낸이 문현광

이메일 haum1000@naver.com   홈페이지 haum.kr
블로그 blog.naver.com/haum1000   인스타 @haum1007

ISBN 979-11-7374-005-3(03680)